日韓記者・市民セミナー　ブックレット 12

日韓友好・多文化共生への手がかり
——過去に学び未来に向かう三つの形——

＊目次＊

〔表紙写真〕象帽舞、川越唐人揃いパレードでのパフォーマンス（実行委提供）

はじめに

日韓記者・市民セミナー　ブックレット第12号は、「日韓友好・多文化共生への手がかり―過去に学び未来に向かう三つの形」をテーマにしました。

韓日関係が息を吹き返したという雰囲気が社会に広がっています。政治や経済問題で韓国を叩いたり、揶揄していたテレビが手のひらを返したように韓食やエンタメを流し始めたのもその一例です。

局面打開に舵を切ったのは政治です。三月の尹錫悦大統領の訪日で実現した韓日首脳会談を契機に、岸田文雄首相が五月に訪韓し、シャトル外交が一二年ぶりに再開しました。G７広島サミットにも尹大統領が招待される韓日の「外交ラッシュ」ぶりは、戦後最悪と言われた関係悪化の時期からすれば、隔世の感があります。

冷え込んだ関係に追い打ちをかけた三年余のコロナ禍は、年間一千万人を越えていた韓日の人的往来をストップさせ、民間交流の機会を奪いました。韓国では日本製品の不買運動が起こり、日本では韓国産のパプリカがスーパーから消える事態にエスカレートしました。韓日を等距離で見ている在日韓国人にとっては「対岸の火事」ではなく、死活問題と言っても過言ではない危機でした。

台風一過。私たちを取りまく環境の好転を歓迎する一方で、在日朝鮮人や中国人、日本の社会主義者らが虐殺された関東大震災の事実が隠蔽、歪曲、改ざんされる風潮は黙過できません。

未曾有の人災から今年で一〇〇年。五月二三日の国会では野党議員が「虐殺の事実を重く受け止め、記録の精査と謝罪を」と求めましたが、警察庁の幹部は「政府として調査した限り、事実関係を把握できる記録が見当たらない」と逃げの一手に終始しました。防災担当大臣は「さらなる調査は考えていない」と臭い物に蓋をする始末です。歴史の教訓から何も学ぼうとしない不誠実極まりない政府答弁としか言いようがありません。

田月仙さんは今でこそ日本の首相、韓国の大統領、北朝鮮の首相の前で独唱した唯一の歌手として知られています。しかし、音楽大学の受験当時は「民族学校卒業では駄目」と突き離され、大きな壁にぶち当たりました。

オペラ歌手デビュー後は、「帰国運動」で北朝鮮に渡った兄のために、失った息子を思う母のために、自分自身の歌を持って北に行こうと固く決意しました。これらの経験が後に日韓の狭間で両国の和を求めて一生を捧げた李方子妃がモデルの創作オペラ「ザ・ラストクイーン」の原動力になりました。日本でも韓国でも北朝鮮でも異邦人と感じた田さんの在日の感性が結実した作品と言えるでしょう。

河正雄さんには二人の人生の師がいます。高校卒業後、就職差別で職につけず、栄養失調で目が見えなくなる試練にあいました。希望を失い、北朝鮮へ行くか行かないかと悩み抜いた時期に清里で清泉寮の生みの親、ポール・ラッシュ博士と運命的な出会いをします。

もう一人は「韓国を愛し、韓国の山と民芸に身を捧げた日本人、ここに韓国の土になれり」と顕彰碑に刻まれた浅川巧です。ところが、日本のふるさとには顕彰碑一つありませんでした。胸を痛めた河さんは東奔西走し、浅川功の生誕一三〇周年に碑を建立しました。

「時代と環境は違っても、在日という異郷にいる者として二人に共感して学ぶことが多い」。人類愛のロマンを貫いた二人の生き様を継承するのをライフワークにしています。

江藤善章さんは一人で訪韓した一九七四年、戒厳令下の漁村で「国家とか民族という属性を取り払い、人間が一対一で向き合えば心を通わせることできる」貴重な体験をしました。

在日に対する差別問題に教師として取り組みながら、朝鮮通信使を現代に生かすことが交流の基本との結論から九〇年代に始めたのが川越唐人揃いパレードです。多文化共生と国際交流を前面に打ち出し、妨害と闘いながら釜山文化財団との交流も図った活動が、朝鮮通信使をユネスコの世界記憶遺産に登録する大きな力になったと言えるでしょう。

二〇二三年五月二八日

一般社団法人KJプロジェクト代表　裵哲恩（ペー・チョルン）

第1講　在日オペラ歌手が願う日韓関係

田　月仙――オペラ歌手

皆様こんばんは。アンニョンハセヨ、田月仙（チョン・ウォルソン）です。コロナ禍で大変な中、こうしてお越しくださいまして、ありがとうございます。カムサハムニダ。

私は東京で生まれましたが、私のアボジ（父）、オモニ（母）は、韓国の慶尚南道《キョンサンナムド》、晋州《チンジュ》の出身です。そしてオモニは六歳のときに日本に来ましたので、ほとんど在日二世みたいな感じですが、アボジは一五歳のときに戦争中の日本の学徒勤労動員で日本に来ました。

二人は日本で出会って、後から同じ故郷《ふるさと》だとわかって結婚し、そして私が東京で生まれました。

＊三国首脳を前に歌った初めての歌手

私はオペラ歌手ですが、あまりオペラにご縁がないという人も多いのではないでしょうか。オペラ歌手というのは普通の歌手とはちょっと違って、広い劇場やどんなところでも、マイク無しで歌います。自分自身の体の内部から出ていくこの声で、歌だけではなく演技もするのがオペラ歌手です。

ですからアスリートと似ていて、常に体調を整え、声を整えて、マイク無しで歌います。ただ歌うだけでなくて、いろんな役があります。イタリアオペラやドイツオペラの有名な歌劇。昔から人気のオペラがあるんです。

例えばカルメンでしたら、闘牛士の歌がありますけど、舞台姿でその役の演技もしながら歌う。いろんな歌を歌いますが、もちろんオペラの歌だけではなくて、日本の歌とか、韓国の歌、世界の歌をですね、舞台で歌うこともももちろんあります。

それで、私の代表曲とも言われています「高麗山河わが愛」（コリョサンチョン、ネサラン）、それをまず一曲聞いていただきたいと思います。舞台姿も出ますので、どういうことをしているのかをまずは見ていただきたいと思います。

＊＊＊

高麗山河わが愛
고려산천 내 사랑

南であれ　北であれ
いずこに住もうと
皆同じ愛する兄弟ではないか

東や西
いずこに住もうと
皆同じ懐かしい姉妹ではないか

山も高く　水も清い
美しい高麗山河
わが国わが愛よ

山河を越えて

南の国から　北の果てまで
響き合う　懐かしい
ふるさとのうた

東の空を　西の海を
眺めている
みな同じ　願いを込めて

とどけよ　この思い
風になり　鳥になり
山河を越えて

『高麗山河わが愛』　田月仙公式ホームページから
http://www.wolson.com/japanese/ChonWolson-7love-j.html

――＊＊＊――

総理官邸での田月仙

いま聞いていただいたのが「高麗山河わが愛」です。この歌を、一九九六年の一二月三一日、韓国の紅白歌合戦とも言われる想年コンサートで歌いました。オリンピックがなされるような競技場に数万人が集まった中で歌いました。この歌は韓国ではほとんど知られてない歌で、実は私自身が見つけた歌でした。

日本、韓国、北朝鮮、この三国の首脳の前で独唱した唯一の歌手ということで、私はたびたび紹介さます。

二〇〇二年に日韓共催によるサッカー・ワールドカップがありました。その時に金大中大統領が来日し、小泉純一郎総理が大統領ご夫妻の歓迎公演を総理官邸で開催しました。そのときに私が呼ばれました。目の前に金大中大統領が座っていらっしゃいまして、小泉総理と日本の政治家の方々、サッカー選手と関係者がたくさんいる中で、日本の歌と韓国の歌を歌ったんです。

北朝鮮については、それよりもっと前に、オペラ歌手になって日本で主役をしているときに招待がありました。世界からたくさんのアーティストが来る音楽祭のようなものがあるからぜひ歌ってほしいということでした。私は日本で生まれて日本でオペラ歌手になったので、もちろん韓国に行ったこともなかったし、北朝鮮はまして行ったこともなかったんです。朝鮮半島の土をまったく踏んだことがなかったんです。

そのときに初めて、いろんな事情もあって北の土を踏み、金日成主席の前で独唱しました。そういった経歴がありまして、日本の首相、韓国の大統領、そして北朝鮮の主席の前で独唱した歌手ということになり、それは私しかいないということでした。そこに至るまでの私の事情と申しますか、いろんな話をこの『海峡のアリア』という本にしたためております。

＊『海峡のアリア』を出版

オペラ歌手として活動する中で、私のアボジ、オモニそして兄弟のことなどを少しずつ話していくと、その家族の話を書きたいといって、プロのライターの方がたくさん訪ねてきました。その度に私は「いや、書くなら自分自身の言葉で書きたい」と言って断りました。もちろんそれまで私は本を出版したことはありません。でも、もし書くのであればゴーストライターではなくて、私自身が一字一句自分の言葉で書きたかったんです。私のオモニの人生、アボジの人生、その背

中を見て育ち、いろんな思いが積み重なっていました。そして二〇〇五年に最愛の母が亡くなったときに、「いまこそ書かなければいけない」と思ったんです。

この本には、私がどのようにして日本で生まれ、オペラ歌手になり、なぜ北朝鮮に行ったのか、韓国ではどうだったのか、そして日本ではどうなのか、そういったことが書かれています。

私は歌を通して海峡を越え、北朝鮮に行き韓国にも行きました。もちろんヨーロッパでオペラの舞台にも立ちましたが、日本でも自分の思いを歌に託して表現してまいりました。

そうなる前には、いろいろなことがありました。

＊日本の私は異邦人

私の両親は芸術が好きで、私は本当に恵まれていました。子供の頃からピアノを習い、芸術の勉強もさせてもらいました。ところが一七歳のときに、父の事業が失敗して、一家バラバラになってしまったんです。私はまだ十六、七歳でしたが学校を卒業しなければいけないし、一人で東京に残って、それでも芸術家になりたいという夢を捨てきれなかったんです。

そして、なんとかアルバイトしながら、日本の音楽大学を受験するという目標を、ひたすら持ち続けて勉強しました。日本の先生方、音楽家の方たちが私の才能を認めてくださいました。本当に良くしてくださいました。私は一生懸命勉強して、受験のために願書を提出したんです。

高校生の頃

私の名前は田月仙。田んぼの田に、お月さまの月、そして、仙女とか仙人の仙。「チョン・ウォルソン」と仮名までふって願書を出しました。ところが突き返されてしまいました。民族学校の卒業では受験できませんということでした。

その時に初めて、目の前に大きな壁があるように感じました。大学に入れない、それ以前に試験さえ受けられないということは本当にショックでした。

それがどういうことなのか本当に理解できなかったけど、漠然と、ああ、やはりこの日本では、私は異邦人なんだなと思いました。でもその時、心ある日本の先生方が、一生懸命調べてくださいました。そして、ほとんどの大学が受験を認めてくださらなかったのですが、小澤征爾さんも卒業された桐朋学園だけが受験を認めてくださいました。あとは合格か不合格かは実力次第ということで、受け入れてくださったんです。

そして運良く合格しまして、音楽大学で勉強できることになりました。その時はまだ家族もバラバラでしたので、いろいろ大変なこともありましたが、合格すれば何とかなると私は思っていたんです。アルバイトをしながら勉強だけはして、大学に入ることができたので本当に良かったのですが、日本では、私は受験さえできないということのショックは、忘れることができません。

＊北朝鮮と私の兄

それからは頑張ってオペラ歌手としてデビューできましたし、華やかな舞台にも立ちました。そのことがだんだんと北朝鮮の関係者にも伝わり招待されることにもなったようです。

音楽大学時代

ピョンヤン公演

実は、それより数年前に、母が北朝鮮を訪問してきたということがありました。私には年の離れた兄がいます。その兄は一九五九年から始まった帰国運動で北朝鮮に渡ってしまったんです。子供のときの話なので私は知らなかったのですが、母は自分の愛する息子のことが一時も頭から離れず、物を送ったりとかをずっとしてました。

そして念願が叶って、一時訪問団で北朝鮮に行けることになりました。母は「夢のようだ」と言って、いろんな思いを持って北に行きました。そうしましたら、私たちには想像もできなかったことでしたが、何の罪もないのに政治犯収容所のようなところに入れられていたんです。こういう話をすると言葉が出てこないんですが…。不幸な人生を生きていたということです。北へ渡った兄たちは四人兄弟で、次男はすでに亡くなっていました。母はあまりのショックで、戻ってきてから本当に寝込んでしまいました。それからの母の人生は、そのことだけが常に頭から離れないというものでした。

ですから、オペラ歌手として招待してくれるのはいいけれど、私の心はもう、どれほど揺れ動いたかわかりません。

しかしそれでも、私は行かなければならないと思ったんです。朝鮮半島が北と南に分断されていますが、この目で見たことがない。北でも南でも行かなければわからないし、自分で見なければならないと思ったんです。しかも単に行くだけではなく、自分自身の歌を持って行く。母のためにも、兄のためにも、と思って行きました。

そして私の歌は北朝鮮でも、ものすごく評判になり、金日成主席の誕生日の特別公演でも歌うことになりました。日本からいろんな方が行きましたが、私だけが歌うことになったのです。私はもうすべてを忘れて歌いました。その時は北朝鮮の革命歌劇でしたが、私はその歌を全身全霊で歌って戻ってきました。その時に、兄が私に託した手紙を母に届けました。その内容はすべてこの『海峡のアリア』の本に書いてあります。

私は北朝鮮に行って、同胞の前で歌を歌ったということで、必ず南の韓国の舞台にも立つという目標を立てました。でも、とにかくその当時、金日成主席の前で独唱したとなると、韓国で受け入れてくれるというのは不可能に近い状態でした。

韓国のオペラハウス　「カルメン」タイトルロールの田月仙

＊韓国からの招待

それから時が過ぎて、少しずつ朝鮮半島も変わってきまして、私にオペラの主役として韓国から招待が来るようになりました。北朝鮮に行ってから九年が経っていました。

私は「ああ、私は観光で行くんではなく、自分の歌を持っていくんだ」と思いました。同胞の前で、両親の祖国の人々の前で、私の歌を捧げたいと思って韓国に行きました。

その時はフランス語のオペラでした。カルメンです。カルメンはスペインの女性ですが、オペラの言語はフランス語です。それを全曲歌いました。もちろん私がその主役で、当時、アジア最大といわれていたオペラハウスで歌いました。

もう周りの全ての人が韓国人というのも初めてでしたので、本当に緊張しました。父母の祖国ということで、どういう国なんだろうと思いながら行きました。

音楽家たちとも交流しながら思ったのですが、想像していた国とは違って、韓国はアメリカナイズされていました。人を紹介するにも「ミス・キム」だとか、普通にそういう言い方でした。私に対しては、「日本から来て日本で生まれた」となると、「完全な日本人ですね」という感じです。ですから、韓国でも「ああ、私は異邦人なんだ」と感じました。日本でも異邦人、もちろん北でも異邦人。どこに行っても自分の祖国という感じがしなかったんです。

＊『高麗山河わが愛』との出会い

ですから、いろんなことを積み重ねながらの、やはり歴史です。そして両親の生きざまというものに思いを寄せるようになって、それからは特に日本の歌、そして韓国の歌に対しても思いを込めて、また禁じられた歌、その歌との関係、その歴史の関係、そういったものも研究しながら、私に一体何ができるんだろうと考えながら活動してまいりました。

その時に、「南であれ北であれ、いずこに住もうと同じ兄弟ではないか」「東や西、いずこに住もうと、皆懐かしい姉妹ではないか」という歌詞の、『高麗山河わが愛』に出会いました。それは韓国でも全く知られてなかったし、どこでも知られてなかった歌でしたが、私は編曲もしまして、音符も書いて、それをずっと機会があるごとに歌うようになったんです。

それが日本の方にも支持を受けまして、当時ＮＥＷＳ23という、筑紫哲也さんの番組に呼ばれて歌ったり、音楽会にもいろんな方がいらしてくださって、この歌をぜひ歌ってほしいというリクエストもたくさんいただくようになったんです。

その歌を歌いながら、「アリラン」とか、「懐かしい金剛山」「鳳仙花」とか、韓国の歌曲を歌うたびに涙する在日コリアンの方々を見てきました。韓国の歌を初めて聞いたという日本の方々もたくさんいて、「こんな美しい歌があるんですね」と言って声をかけてくださったりしました。

いまでこそ韓流やＫ―ＰＯＰなどで韓国が近づいていますが、私が韓国の歌を日本の人たちに紹介した時は、韓国から特に声楽家が来ることもほとんどありませんでした。オペラ歌手の先輩はいないですし、もちろん先生もいない。在日コリアンにはいないので、本当に孤独な戦いでもあったんです。

でも、そうやっていろんな方々が心を熱くしてくださり、支持してくださったので、もしかしたら歌を通して何かもっとできることがあるのではないかと思うようになったんです。

＊オペラ『ザ・ラストクイーン』

特に日本にいるコリアンとして、日本と朝鮮半島の関係について深く考えるようになるんです。というのも、例えばヨーロッパに行くと言葉や文化は違っても、芸術や歌を通すとすぐに国境を越えることができるんです。お互いに心と心の交流ができるので、非常に幸せな思いもありました。そのたびに日本と朝鮮は隣国同士なのに、なぜ何度も良くないことが繰り返されるのかということを考えるようになりました。

そしてそこで考え出したのが、この『ザ・ラストクイーン』というオペラです。これは日本と朝鮮半島の現代史の原点とも言える物語です。

朝鮮王朝最後の皇太子、李垠（イ・ウン）と、その皇太子に嫁いだ日本人で皇族出身の梨本宮方子（まさこ）の物語です。韓国名では李方子（イ・バンジャ）です。梨本宮方子が李王家に嫁いだので、李方子になったんです。その方の人生に出会うことになるんです。

もちろんすでに亡くなった後でしたが、いろんな偶然も重なって、朝鮮王朝の景福宮《キョンボックン》や昌徳宮《チャンドックン》などを取材し、李垠殿下の人生、そして政略結婚で嫁いだ方子妃の人生に出会って、そしてそこで考えたんです。

朝鮮王朝最後の皇太子と、片や日本の皇族出身のおふたりが、政略結婚から真実の愛をはぐくまれた。歴史のうねりの中でいろんなことがありましたが、最後には方子さんは殿下が亡くなった後も韓国に残り、不幸な子供たちのために学園をつくって福祉活動に専念し、その生涯を日本と韓国の架け橋として生きられて、そして韓国の土になりました。

そのお話を、勉強しながら、その当時の秘書の方や、方子さんが亡くなるまで付き添った方とか、日本と韓国のいろんな方から話を聞いて台本を書き上げ、音楽もつくってオペラを完成させました。そのことに関して、短くドキュメンタリーにしましたので、ちょっとご覧いただきたいと思います。

全公演が満席となった衝撃の話題作
創作オペラ
ザ・ラストクィーン
朝鮮王朝最後の皇太子妃

オペラ ザ・ラストクィーン
朝鮮王朝最後の皇太子妃
待望のアンコール公
www.lastqueen.net

オペラ ザ・ラストクィーン
朝鮮王朝最後の皇太子妃
日本の皇族でありながら
朝鮮王朝最後の皇太子妃となった
李《り》 方子《まさこ》
www.lastqueen.net

オペラ『ザ・ラストクイーン』あらすじ

一九一六年夏、日本の皇族、梨本宮家の娘・一五歳になったばかりの梨本宮方子（まさこ）は自分の婚約を新聞で知る。相手は日本に留学していた旧大韓帝国（朝鮮王朝＝李王家）の皇太子・李垠（りぎん／イ・ウン）。方子は母（梨本宮妃伊都子・梨本伊都子）から聞き結婚を受け入れる。この結婚は政略結婚と言われたが、ふたりの間には真実の愛が生まれる。

結婚後、生まれたばかりの長男・晋（シン）の死（毒殺説もある）など次々に困難が襲いかかるが、そんな中でも方子は夫である李垠殿下の苦悩を理解し影となって支えた。

しかし太平洋戦争が終わると、二人は皇族の身分も国籍も全てを失う。もはや韓国人でもなく、日本人でもない、と絶望する夫。それまで夫に従っていた方子は、これからは自分が夫を守ると決意。夫を故国に帰そうとするが、難航する。

ようやく、二人に韓国へ渡る許可が出たのは、戦後二〇年近く経った日韓国交正常化直前のことだった。しかし、夫はすでに病に侵されていた……。

方子は、夫の死後も韓国に残り日韓両国のために尽くそうと誓う。当初は冷ややかな視線を浴びながらも、方子は韓国の恵まれない子供達のための福祉活動に身をささげる。

そしてついには「韓国の母（オモニ）」とまで呼ばれるようになる。朝鮮王朝最後の皇太子妃、ラストクィーン李方子（りまさこ／イ・バンジャ）。八七歳で死去した際は、韓国民の涙で見送られ、その葬列は数キロにも及んだ。

オペラ「ザ・ラストクィーン」について

この作品は日本と韓国の狭間におかれながらも、「和」を求め一生を捧げた李方子（りまさこ／イ・バンジャ＝１９０１年～１９８９年）妃をモデルとしたモノオペラである。

李方子妃を演じるのは、歌を通して日韓を繋いできたプリマドンナ・田月仙（チョン・ウォルソン）。自らがその実像に迫るため日韓で取材を続けてきた。近年、方子直筆の日記や手紙、写真などが発見され、それらの資料を元に台本を練り上げた。

また舞台では、当時方子妃殿下が婚礼でも着用された朝鮮王朝の宮廷の大礼服・翟衣（チョグィ＝적의）という特別な衣装が使用される。翟衣は１９９０年に日本から韓国へ寄贈され、国立古宮博物館に所蔵されている。現在は公開されていないこの衣装が、草田繊維キルト博物館により復元され、所蔵している学校法人文化学園の協力の元、レプリカを制作し舞台で使用する。

音楽は現代音楽に日韓のリズムを取り入れたオリジナル新作である。李方子妃の語られざる心の軌跡に迫る歌姫渾身の舞台。新たな芸術表現と「魂の歌声」に大きな期待が寄せられている。

■田月仙公式ホームページから　http://www.wolson.com/event/20150927LastQueen/2about.html

＊＊＊

オペラ ザ・ラストクィーン
朝鮮王朝最後の皇太子妃
時代は韓国併合直後
www.lastqueen.net

オペラ ザ・ラストクィーン
朝鮮王朝最後の皇太子妃
絶望の中から立ち上がる方子
www.lastqueen.net

オペラ ザ・ラストクィーン
朝鮮王朝最後の皇太子妃
国境を越えた 愛と感動のオペラ
www.lastqueen.net

オペラ ザ・ラストクィーン
朝鮮王朝最後の皇太子妃
15歳から87歳までの
李方子妃を演じるのは
情熱のプリマドンナ
田《チョン》　月仙《ウォルソン》
（企画・台本・主演）
www.lastqueen.net

オペラ ザ・ラストクィーン
朝鮮王朝最後の皇太子妃
あの朝鮮王朝の垠殿下とこの私が？
www.lastqueen.net

オペラ ザ・ラストクィーン
朝鮮王朝最後の皇太子妃
世紀の政略結婚
www.lastqueen.net

オペラ ザ・ラストクィーン
朝鮮王朝最後の皇太子妃
長男の謎の急死
www.lastqueen.net

いまご覧いただいた内容が、三月二三日に開催されるオペラ、『ザ・ラストクイーン』です。日本と朝鮮半島の歴史が背景にありますと、こういった創作物ではどちらか寄りになったりして、共感するのが非常に難しいんです。ところが、このオペラは、韓国の人も、もちろん日本の方も、在日コリアンの方もたくさんご覧になるんです。皆が涙を流して「感動した」と言ってくれます。

これをなぜ、私がつくれたのかということです。それは私が在日コリアンだからでした。日本をわかっていますし、朝鮮半島にも実際に行って、いろんなものをこの目で見てきました。先ほど在日コリアンは韓国でも異邦人、北でも異邦人、日本でも異邦人だと思ったことがあったと言いましたが、今は逆に、在日コリアンであったからこそ、この作品をつくることができたということで、本当に誇りに思っています。

韓国にもいろんな素晴らしい作品がありましたけど、このように受け入れられるものはありませんでした。例えば、閔妃（ミンビ）暗殺事件のミュージカルもあります。安重根（アン・ジュングン）のオペラもあるんです。それは日本の人が見ると、もちろんいろんな思いがありますから、なかなか共感してもらえません。

私の尊敬するソウル大学の先生が安重根の役をやって、中国で公演したことがあります。今は中国でもオペラ歌手も素晴らしい人がたくさんいるんですが、その頃はまだオペラというものがどんなものかもわからなくて、皆さんどこで拍手すればいいのかもわからない。伊藤博文を撃つところになって、なんとなく拍手が湧いたり、そんな感じだったんです。

やはり日本と朝鮮半島の歴史が背景にあると、作品としても難しいのですが、『ザ・ラストクイーン』は日本と朝鮮半島の歴史を踏まえながら、これからどうしたらいいのかということのヒントになるような作品として、心から両国の和を願ってつくったことで皆様に共感していただけたと、私自身は誇りを持っている作品です。

東京では、創作オペラはそう何度も公演できませんが、おかげさまで異例のロングランになりました。大阪ではキャンセル待ちが数百人に及んだ作品です。去年の一〇月にも公演しました。今回コロナ禍でどうなるかと思いましたが、三月二三日に日本橋劇場で上演します。できればぜひ、お越しください。

ぜひ生《なま》の舞台で、私が李方子妃を演じる姿を見ていただければ嬉しいです。ありがとうございました。

〔質疑応答〕

（Q）この『海峡のアリア』の本には感動しました。オペラを通して何が問題なのかが浮き出している感じでした。すごく理解しやすく、これはぜひみなさんに読んでほしいと思いました。

（A）ありがとうございます。ちょっとお話の追加です。この『海峡のアリア』に出てくるオペラは「トスカ」というイタリアオペラですが、トスカは歌姫の役でして、私の母は、北朝鮮に帰国して犠牲になった兄からそのトスカの話を聞いていたんです。私の兄は画家で芸術家ですので詳しかったようです。

それで私がオペラ歌手として「トスカ」を歌うようになって、今年の秋には舞台でこのトスカ役をやることになりました。

トスカはイタリアオペラですが、私の人生と重なっていますので、公演はまだ先ですけど、ぜひオペラ「トスカ」もご

覧いただければと思います。

この『海峡のアリア』をまず読んでくだされば、その内容がわかると思います。今日はこのような機会を与えてくださいました裵さんにも感謝いたします。

（司会）はい。ありがとうございます。カムサハムニダ。

（日韓記者・市民セミナー　第二七回　二〇二二年三月一一日）

第II講　浅川伯教・巧兄弟への敬愛と感謝

河　正雄――私塾・清里銀河塾塾長

アンニョンハシムニカ、河正雄（ハ・ジョンウン）と申します。ソウルの梨泰院で一五六名の青年たちが命を失うという痛ましい事故がありました。まずもって心から哀悼の意を表したいと思います。

私はいろいろな分野の仕事をしてまいりましたが、主なものは美術です。二つ目は植民地時代の徴用や関東大地震の被害者たちの慰霊に関する仕事です。特に、浅川伯教《のりたか》・巧《たくみ》兄弟の顕彰を事業として進めてまいりました。今日は、浅川兄弟を尊敬し敬愛してきた経緯を皆様にご報告申し上げたいと思います。

▼浅川兄弟に至る道

＊ふるさとについて

「生まれたところで生きて、死ねる人は幸せな人である。生まれたところで生きられず、移り住んだところをふるさととして生きる人は、その地を愛して生きる幸せな人である。移り住んだところでも生きられず、渡り歩いて生きる人はその全てをふるさととする幸せな人である」

これは、ある有名なふるさと論です。

文芸評論家・小林秀雄の文に、「東京生まれであるために故郷がない」というような表現があります。小林が言うふるさとは生誕地という意味だけではないようです。そこでの情緒や自然、人間関係、風俗や文化、家族や先祖たちが眠る土地などをも含めているようです。

高齢期を迎えた私には、ふるさとはあるのだろうかと、しばしば思うことがあります。二〇歳まで青春期を暮らした秋田、そこで出会った友人たちとの交流を通じて過ごした時間は確かではありますが、それだけでふるさとと言えるだろうかと自問いたします。

秋田に帰って友と歓談し、その一瞬が過ぎれば、どこかよそよそしい風貌を見せる。友が遠くにいるような感覚を覚えるときがあります。子供時代、会いたいと思えば会いに行くといった時代が奇跡的なようにも思います。時間の経過が恐ろしいほどの距離を感じさせます。

思えば、それは表面的な関係であり、親友と呼べるような関係ではなかったのだとも言えるようです。ふるさとというのは生まれ故郷でなくとも、時々出かけ、知人、友人、恩師、山河に触れ、魂の交流を積み重ねていかなければならぬ、見知らぬ場所になってしまうようであります。

そこに定着して、そこに家族を形成し、地域の人々と繋がるような人間関係を新たに築き上げ、共に生きて、喜びと悲しみを分かち合うこと。それこそがふるさとの意味ではないかと痛切に思います。

＊故郷はありがたきもの

私が生きた在日八三年間には、日中戦争、第二次世界大戦、終戦による朝鮮の解放、そして朝鮮半島における南北戦争、オイルショック、バブル崩壊、東日本大震災、新型コロナウイルスとウクライナ軍事侵攻などなど、いとまのない社会変事と自然災禍がありました。

人生とはこういうものだと、平常心を保ち、これらの変事をくぐり抜けることができたのは幸いに思っております。私は、私を育み、血と肉をつくったふるさとは、生誕地の布施森河内、現東大阪市より、生後移住した秋田県の生保内《おぼない》、現仙北市、二歳から四歳まで、一時住んだ父母の故郷である韓国・全羅南道、霊岩、秋田工業高校卒業後に埼玉県川口市を故郷にして六三年になります。

そしてもう一つ、二一歳のときにふらりと立ち寄った浅川巧のふるさと、清里、山梨県北杜市であります。カント学者でリベラリストであった安部能成《よししげ》著、『青丘雑記』（一九三二年、岩波書店）の中に、「浅川巧さんを惜しむ」の文があります。「浅川巧さんは露堂々《ろどうどう》と生きた人である」と書かれていました。一九三四年、中等学校教科書国語六に、「人間の価値」と題して収録され、世の人々に知られる人物となった方です。

私が読んだ本がこの初版本（昭和七年、一九三二年出版）です。私は秋田工業高校三年、一九五八年の時、秋田県立図書館で『青丘雑記』を読み、記憶にとどめたことが浅川巧との出会いであり、その後の清里ライフの元になりました。

浅川巧は植民地支配下にあった朝鮮に生きて、朝鮮の人々から愛された稀有の日本人です。人間の価値は人間にあり、それより多くでもなく少なくでもないことを、その生が示した国際人であります。在日で生きるための哲学を教えてくれたのが浅川巧の生き方であります。

浅川巧の業績は多くありますが、私の感銘は、その生きる姿、考え方、日々の行い、営みであります。浅川巧は韓国の山河や歴史と文化を大きく、深いところで見つめておりました。

国や民族を乗り越えた共生を考えていた人であり

ました。私の在日生活は八三年にもなりますが、その間、時代は物質文明のみめざましく進み、今や格差社会となってしまいました。人々の心の病は深くすさんで嘆かわしい限りです。

私達は不幸であった時代を乗り越え、二一世紀をよみがえり、精神を込めて友好親善を誓い、兄弟であることを忘れてはならないと、浅川巧は私たちに語りかけているようです。私は在日の生を巧のように露堂々と生きたいと念じました。

「露堂々」、聞き慣れないお言葉だと思いますが、これは禅の言葉です。「明歴歴露堂々《めいれきれきろどうどう》」。解説文を読みますと「明歴歴露堂々」は、全ての存在が明らかに、全ての物事がはっきり表れて出ている様《さま》で、そのままの姿の全てが真理の表れであり、仏の表れであるという意味であります。

人生においてもとらわれず、焦らず気取らずごまかさず、素直でありのままに堂々といきたいものです。自分を飾れば不自然だし、虚勢を張って強く見せたり、偉ぶれば無理がきます。与えられた立場や環境の中で神仏と共にあって、隠すことなく堂々と生きようとするところに、この言葉の意味があります。

良いことをすれば良いことになって現れるし、悪いことをすればどんなに隠してごまかしても必ずや現れると。だから、いいことをして生きていく、こういう考え方だと私は理解しました。

＊浅川兄弟のふるさと清里

忘れもしない一九六一年五月五日のことでした。私はちょうど二一歳でした。初夏の新宿御苑で楽しんだのちに、新宿駅から中央線に乗って小淵沢でＳＬを見つけ、急に乗りたくなってホームに降りました。小海線で小諸まで行く列車だといいます。

南アルプスの山塊、前に現れる八ヶ岳の山容。実に見事な風格を備えた三〇〇〇ｍ級の峰々に私の胸は高鳴りました。清里という駅に到着しました。私は急いで列車から降りました。降りたところで、身を刺すような冷気に震え上がりました。そこは標高一二七五ｍの高原の駅でありました。目の前に黒々とした山岳が迫っておりました。八ヶ岳の主峰、赤岳でありました。

牛小屋のような駅舎に降り立ったのは私一人でした。なんとも言えぬ、寂寥感の漂う旅情をかみしめました。

山の夕暮れは早い。夕日に染まった八ヶ岳の凛々しさ。遠く南に富士山を望み、雄大な山岳美に息を呑みました。駅近くの旅館に泊まって翌朝、駅前を散歩しました。

そこが山梨県清里村であることがわかりました。駅前を歩いていると、いやに「浅川」という看板や、家々の表札が目に入りました。もしかしたらここは、浅川巧の故郷ではなかろうかと胸を高鳴らせました。

私は「浅川巧を知りませんか」と一軒一軒訪ね歩きました。だが、誰一人答えてくれる人はいませんでした。「さあ、そんな人のことは聞いたこともありません」という、つれない返事が返ってくるばかりでした。

そのとき私には、気付くべき根拠はありませんでした。それほど地元でも忘れられた存在という状況だったのです。これは私の記憶違いだった、早合点したのだと思いました。

だけども私の直感は当たっていたんです。そこが浅川巧のふるさとでした。

＊ポール・ラッシュ博士との出会い

朝、「清里でどこか遊びに行くところはありませんか」と宿の主人に尋ねたところ、「清泉寮に行ってみたら」と教えられました。そこで私は、思いがけず偉大な人物と出会うことになります。ポール・ラッシュ博士です。一九二三年の関東大震災で破壊された、東京と横浜のＹＭＣＡの再建のために来日されたインディアナ州生まれでケンタッキー州育ちの宣教師です。

イエスは病める人々を慰め、癒やしたではないか、飢えてる人々に食を与えたではないか。

イエスはしばしば人を集め、有益な話し合いの時を持ったではないか。幼子《おさなご》を集めて祝福し、働く希望を与えたではないか。

ポール・ラッシュは一九四八年農村伝道、および農村への奉仕を実践的キリスト教の思想で清里での教育実験計画、そして戦後日本の民主主義、民主的農山村復興モデルをつくり、実践的青少年教育を目的とするキープ（協会）を創設いたしました。病院、農場、農業学校、保育園、清泉寮を建設し、食料、保健、信仰、青年への希望の四つの理想を掲げ、清里を民主主義に基づく戦後日本再生の拠点といたしました。

ポール・ラッシュ

清里の発展の基礎を築いたのがポール・ラッシュ博士であり、清里の父、日本へ初めてフットボールを持ち込んだことからフットボールの父、師として敬愛されている方でした。

彼のフロンティア・スピリット、開拓精神抜きにしては、清里を語ることはできません。日本とアメリカは良い友人になれると、国境と民族を超えた無私の奉仕と博愛、人道主義思想、異郷人がましていわんや、日本の敵国であったアメリカ人が、戦前と戦後を通して日本で奉仕を実践された遠大な人類愛のロマンの方です。

彼の「最善を尽くせ。しかも一流であれ」という言葉とともに、キリスト教の教えに対しても関心と感化を私は受けました。

＊ポール博士との対話

一人清泉寮を訪ねた私は、応接室のようなホールに入ると、マントルピースの前のソファで、小柄な白人がひとり物思いにふけっておりました。

頬や鼻がほんのりとピンク色に染まって、艶っぽく輝いておりました。私が入っていったことに気付くと、「どうぞお座りください」と声をかけてくれました。その人こそ、ポール・ラッシュ博士でありました。

「どうしてここへ。どこからおいでになりましたか」。

「マントルピースの上に掲げてある絵に惹かれて私は入りました」。

それは須田寿《ひさし》（立軌会《りっきかい》の創立会員）の油絵、「牛を売る人」でした。

日本に初めてジャージー種という牛をアメリカから持ってきたのがこのポール・ラッシュ博士でした。この清里で実験的に飼育した牛をモチーフにした油絵です。この絵は、清泉寮を完成したときのお祝いに須田寿から贈られたものです。

そのとき私は、「須田寿のザクロの絵がとても好きで画集を持っています」と答え、ポール・ラッシュ博士は「その画集を一度見たいものですね」と話が進みました。

「ここまで来るには大変な苦労があったでしょうね」と私は問いかけました。ポール博士は瞬間、顔が曇りました。

「自分の理想とロマンとのギャップに苦しみました。地元の人々から理解が得られなかったことでも悩みました。実は今、そのことで考え込んでいたところでした」と応えました。

私は高校を卒業したときに就職ができませんでした。その当時の就職差別と言っていいものだと思います。そこで日当二六〇円で働くところを探し、日本デザインスクールの夜学へ通って美術の勉強をしました。

日当二六〇円で、学費が三〇〇〇円。食べるものも食べられなくなって、栄養失調で目が見えなくなりました。当時はニコヨンでも二五六円でした。私の日当は、ニコヨンと同じようなもんだったんです。

目が見えなくなり会社も行けなくなり、学校も通えなくなりました。本当に人生の天涯孤独でした。

当時、北送船で北朝鮮に在日同胞が一〇万名近くも帰りました。日本で希望が見えない私も、北朝鮮へ帰ろうかと悩んで悩んで、行くか行かないかという心境のときに、新宿から何のあてもなく中央線に乗って小淵線、清里に降り立ち、ポール・ラッシュ博士と出会ったのです。

そこで心が震えました。ポールさんとの会話で偉大な業績を知り、私も日本に残ってポール・ラッシュさんのような国際親善、国際交流の仕事がしてみたいと考えました。そして北へ帰るのを思いとどまりました。

一九七九年、二度の再会はありましたが、ポール・ラッシュ博士は清里に大きな光を残して、人々に惜しまれながら旅立ちました。

▼浅川巧の生涯

＊韓国の土となる

浅川巧の話にもどります。

浅川巧は四二歳の若さで急性肺炎のため亡くなりました。その死は韓国人からも惜しまれました。

ソウル郊外の忘憂里《マンウリ》に功徳の墓と刻まれた、兄・伯教がデザインした白磁六稜塔が建立されております。その傍らの顕彰碑には、「韓国を愛し、韓国の山と民芸に身を捧げた日本人、ここに韓国の土になれり」と刻まれております。

ソウル特別市が管理する京畿道九里市忘憂里公園市民墓地には、南北分断による不遇の画家、大郷・李仲燮（イ・ジュンソプ）が眠っております。李仲燮氏が浅川巧先生の墓のちょうど裏側にあるんです。李仲燮は韓国美術史で評価が高い現代美術家です。

周りの墓地には張徳秀（チャン・ドクス）、韓龍雲（ハン・ヨンウン）、文一平（ムン・イルピョン）、呉世昌（オ・セチャン）など、韓国独立の近代、現在史を刻む愛国人士の墓があります。そのようなところに浅川巧の墓があるんです。

浅川巧は山梨県北杜市高根町で生まれました。山梨県立農林学校卒業後、四年余り、秋田県の大館営林署で農林技師として務めました。

兄・伯教と前後して朝鮮に渡り、農林技師として植林緑化の普及に努める傍ら、失われようとする朝鮮の美の発掘に貢献しました。植民地化にあった朝鮮に生き、愛された日本人であります。人間誰でも、自分だけの隠し田を持ちたがるものですが、朝鮮人と向き合った浅川巧は、隠し田など一切持たなかった方であります。

自分のルーツが高句麗人だと思っていたらしく、高句麗人の血が故郷の朝鮮へと、私を呼んでいると告白したことでも、朝鮮への愛の深さがわかります。歴史的に植民地化の難しい時代に、両国の故郷でも受ける苦難を自分の生涯と代わる愛の対象としたことが、時代は違ってもディアスポラである在日二世の私は、共感する世界人であります。

巧が生きた時代の植民地朝鮮を考えるとき、優位にあった日本人が朝鮮人に愛されるということは稀であります。孤独と侘しさの中で、植民地朝鮮人のために、ヒューマニズムに生き、道義と正義に生きた証がこの墓にはありました。

巧の慎み深く朝鮮に優しかった、宗教心をも超越した心情がうかがえます。ポール・ラッシュや浅川巧の境涯について思うとき、時代と環境は違えども、在日という異郷にいる者として私は共感して学ぶことが多いのです。

＊浅川巧の業績と評価

浅川巧の名著『朝鮮陶磁器名考』の末尾にある「民衆が目覚めて自ら育み自ら育てていくところに全ての幸せがあると信じる」の文は、その愛の証であると思います。朝鮮松の露天理蔵法による種子の発芽、養苗開発など、その業績は光ります。

朝鮮民族美術館建設の推進、朝鮮陶磁器や工芸の研究、朝鮮の膳などの工芸美を考察した著書を残し、韓民族の美意識と魂を、民芸と植林の領域で我々の自尊心を高めてくれました。

日本民芸館の創立者、柳宗悦は「朝鮮陶磁器名考」の序文に「どんな著書も多かれ少なかれ先人の著書に負うものである。だが、この著書ぐらい自分に於いて企てられ、また成されたものはない」と記してあります。

柳宗悦や民芸運動は、朝鮮の日常雑器によって開かれた眼を、日本に転じるところから生まれました。「日本の民芸運動の誕生の機縁となった結びつきをつくった人に、柳の友人として浅川巧、伯教兄弟があった」と哲学者の鶴見俊輔が述べております。

明日、
世界が滅びるとしても、
今日、
二人は木を植える。
道—白磁の人—
吉沢悠　ペ・スビン　高橋伴明監督作品
http://hakujinohito.com
今、わたしたちは、浅川巧の歩いた道の、その先を歩いているだろうか。

山梨県北杜市出身の江宮隆之著『白磁の人』の映画化がなされまして、二〇一一年に完成し、全国で上映会が催されました。

日韓の問題はこの映画ひとつつくるのも大変です。制作過程では紆余曲折はありましたが、浅川巧生誕一二〇周年、没後八〇周年を記念する映画として上映をいたしました。

この映画上映を通して、両国の青少年たちに韓国の山と民芸を愛し、韓国人の心の中に生きた日本人浅川巧の時代を振り返り、その業績を顕彰し、今こそ学び合って我々の未来に福音をもたらす果実を収穫せねばならないと思いました。

日韓両国の中学校教科書に唯一、浅川巧の人となりが紹介されております。最近は英語の教科書にも載ったそうです。二〇一五年には、韓国の発展に寄与した世界の七〇人の一人に浅川巧が選出され、浅川巧の心が両国国民の心に確かに生きていることを実証したようであります。

＊浅川兄弟資料館と清里銀河塾

二〇〇一年、山梨県北杜市に浅川伯教、巧兄弟資料館が建設されました。その前年から、作品や資料の寄贈要請が私にありました。私のコレクションから、韓国の人間国宝である柳海剛（ユ・ヘガン）、池順鐸（チ・スンタク）の青磁、白磁を含む韓国の民芸品など六七点を寄贈いたしました。

そのとき私は、作品を展示するだけでなくそれらを活用してほしいと寄贈条件を述べました。資料館は、公的な博物館としての役目を果たす研究機関でなければならない。様々な分野で先駆者を育てた山梨の風土や歴史文化を学ぶ、浅川学の学術研究成果を社会に還元してほしいと話しました。

市民教育、特に次世代の青少年教育のプログラムを持って、日韓の相互理解、友好親善交流を促進し、国際親善に寄与せねばならないと私は力説いたしました。日韓の相互不信を解くには、人

浅川伯教・巧兄弟資料館

浅川兄弟資料館の展示風景（いずれも河正雄アーカイブから）

と人との生身の触れ合いと心の交流に尽きるという信念からであります。

資料館に協力したのち、私ができること、役立つことは何かと考え続けました。行き着いた思いが、私塾・清里銀河塾の創設でした。町当局に、生涯教育として、このような学習をするセミナーのようなものをやってほしいと幾度も申し入れましたが、糠に釘でした。居てもいられなくなって二〇〇六年に立ち上げたのが、清里銀河塾なのです。

それから一六年経ちました。暗中模索と紆余曲折してまいりました。北杜市をはじめとする多くの理解者の協力をいただき、一歩一歩積み重ね継続して歩んで参りました。

▼浅川兄弟に学ぶ普遍的教え

＊「人」をつくることが第一の道理

私は浅川兄弟には今日を生きる普遍的な教えがあり、韓日の人々が共に学ぶべきものがあると常々思っております。

私は二〇代から清里の地で過ごすようになり、この地域の風土に育まれた人生を送って参りました。

それはこの地に私が憧れ、尊敬する、愛する偉人がいることが関係していたからです。植民地下、韓国に渡り、韓国人の敬愛を受けた浅川伯教・巧兄弟と、戦前戦後の日米間の激動期を変わらぬ友愛と青少年教育に一身を捧げたポール・ラッシュとの出会いからであります。

韓国と日本の狭間の中、在日のアイデンティティの学びを得た方であります。このように人間愛を教え、施された。在日を生きる私達の先生であり、目標であり、シンボルであると思います。人間として真実の道を切り拓き歩まれた先見の足跡は日本の風土に根付いております。

現代を生きる人の心に日本の風土、韓国の風土、アメリカの風土が重ねて見えてくるものが、在日の我々にはあると、私は思います。人を形成するものは人の真実であると思います。人の真実が誇り高く、求道的であれば風土や人にも準じます。

しかし、人心が乱れ、荒廃にまかせれば風土、人も堕するものではないでしょうか。八ヶ岳の山麓、清里の地域風土の中から生まれた精神、浅川兄弟やポール・ラッシュの生き方から学ぶことの意義と意味を私は見つけたいと今でも思っております。

＊私塾・清里銀河塾の生涯学習

私塾・清里銀河塾で何を学ぶのか。学ぶ意味や学ぶ楽しみは生きることそのものであります。その基本となるのは生涯学習ではないかと考えました。一般人は自分のため地域発展貢献のために学んでいこう。職業人は職業意識のレベル向上のために学んでいこう。

生涯健康を保ち、元気に生きていくためには、世代を超え、心と体を養うために鍛えていこう。好奇心を持って自分を磨こう。生涯成長していこう。頑張る自分でありたいという学びの本能は私だけじゃなく皆様にもあるものだからです。

学び成熟することで、本物の自分を確認することができます。自分の尊厳を見つけることに繋がり、自分自身を慈しみ大切にします。そこから相手を認める人間関係をつくり、人を愛することができる。そのような人たちがつくる、成熟した聡明な社会をつくっていきたいのです。学び合い、助け合い、共に生きることにより、互いを高め合い、自己研鑽を積んでいこう。多様な価値観の中で自ら学び、共に学ぶということは自己が決定することであります。生涯学習は、つまり自己教育なのであります。

私は、学びを楽しむ文化を創造していきたい。具体的には、浅川兄弟やポール・ラッシュが生きた時代から、その精神と哲学、その背景にある歴史を学び、ふるさとの誇りを高めたい。自尊心を高めようということです。

大自然の中で彼らを育んだ風土の気を受け、感じ、次世代を担う青少年の健全なる育成により、誇りと自信を与えたいと思います。

清里から富士山を仰ぎ、日本を考える。それぞれの故郷を見直して、そこから世界を望んでみよう。自然を楽しみ、生きる環境を考えてみよう。その大気の中で五感を蘇生させ、鍛える。教育の持つ意味と意義、人格や人間の価値を学び、地域貢献と国際交流を促進させていこう。

私はそれらをサポートしエールを送りたいと思っております。国際理解と友好親善を目的に韓日青少年交流を促進し、健全なる青年活動家の養成を清里銀河塾はひびきあう心で浅川巧とポール・ラッシュの精神をキャッチフレーズにして、若人たちとともに生きることを楽しむ、そして伝える、深める、新しくつくっていく、創生する、そして演出をする。それらをカテゴライズにして心ひびき合うことを願って学びを進めていきたいと思います。

二〇〇六年から始めた私塾・清里銀河塾はこれまで一八回を数え、学んだ塾生は一〇〇〇名を超えております。今日、出席の皆様の中にも清里銀河塾で学んだ塾生がおります。私は大変心強く思っておりますし、この席でこういうお話ができることを誇らしく思います。

共に学んでよき追憶をたどり、先人の得を慕い、懐古することは相互理解が深まり、国際親善の糧となる意義があります。

＊浅川伯教・巧兄弟顕彰碑

韓国では韓国人によって墓が守られ、地元山梨県北杜市でも顕彰され、両国から愛された人物でありながら、いまだふるさとに顕彰碑が建立されてないことを私は長年寂しく思っておりました。

ポール・ラッシュ博士は、清里の父と呼ばれて顕彰碑も立って敬われ、立教大学の教会には、聖壇に祀られております。浅川先生はそういう顕彰碑一つなかった。それを私は寂しく思っていました。

私は、浅川兄弟もいつの日か、ポール・ラッシュ博士のように聖壇に祀られる人物であると、一九九七年の浅川兄弟を偲ぶ総会で講演いたしました。それ以来、北杜市に、石に浅川兄弟の名を刻み、ブロンズ像を拝した顕彰碑を贈ろうと二〇数年間構想を温めてきました。

昨年、二〇二一年に私が敬愛する浅川巧の生誕一三〇周年、没後九〇周年記念に当たる年の六月一三日、浅川伯教・巧兄弟を偲ぶ会結成二五周年を記念して、「捧ぐ　敬愛と感謝を込めて」、そして私の座右である「露堂々」の碑文を添え、兄弟のブロンズレリーフの顕彰碑を生誕地に建立するに至りました。

浅川伯教・巧兄弟顕彰碑

碑のデザインは五重の塔をイメージする五層五段です。碑石は、上野公園にある王仁（ワニ）博士の碑に倣って、下層四段は国産の稲田石《いなだいし》を割り肌仕上げにして、上層は韓国産の谷城石を本磨きにして、彫刻家・張山裕史氏の作による浅川兄弟レリーフを配しました。

碑文は甲府市の書家狭山（植松永雄氏）の揮毫による「露堂々」であります。

来る二〇二三年には北杜市が京畿道《キョンギド》の

抱川《ポチョン》市と姉妹都市を結んで二〇周年になります。それを記念してこの顕彰碑の立っている廟を、新しく庭園にすることになりました。

このように、地元が一丸となって浅川兄弟の偉業を、讃える事業を推進されているということになります。

＊清里に宿るロマン

決して日本人だけが愛する、韓国人だけが愛する人物じゃないというのが僕の意見です。国際人が愛して尊敬する、そういう人物なのです。浅川学を推進していただきたいという私の願いがここにあります。

浅川先生とポール・ラッシュ先生が、その時代に行った人類愛のロマンは、私達にとって本当に学ぶ価値がある。ロマンを失っている方が多いこの時代には特に言えると思います。

私はこのように高齢になり、少々おぼつかない体になりましたがロマンに満ちていますし、気力に満ちております。だから清里銀河塾を通しながら、またこのような形で清里銀河塾を開いて、浅川兄弟、ポール・ラッシュさんの偉業を通して国際精神を学ぶ、そういう機会に話ができることを私は念願しております。

少しでも皆様の心に響いて、一回は清里に行ってみよう、感じてみようということであれば、ぜひ訪ねてください。

また、機会があれば美術の話、それから、戦前の徴用や強制連行、関東大震災などで被害に遭われた我々同胞たちの慰霊運動に関する話も皆様と分け合って話ができれば、私としては大変喜びとするところであります。

私はネット上にアーカイブを作成しています（https://www.ha-jw.com）。アーカイブを紐解いていただきますと、今日紹介しました事項がカテゴリー別に編集されて掲載されております。ともに良い時代と良い世界をつくるために、この喜びを分かち合いたいと、かように思っております。

ご静聴くださいましてありがとうございました。

（日韓記者・市民セミナー　第四〇回　二〇二二年一一月四日）

浅川伯教・巧兄弟の紹介（山梨県北杜市　ホームページから）

1. 浅川伯教・巧兄弟

浅川伯教（のりたか）・巧（たくみ）兄弟は、明治時代半ばに今の北杜市高根町に生まれました。

兄の伯教は、朝鮮の芸術にあこがれ、１９１３（大正２）年日本統治下の朝鮮半島に渡り、７００箇所にも及ぶ朝鮮古陶磁の窯跡を調査し、日本に初めて朝鮮白磁のすばらしさを伝えました。陶磁器の時代的変遷を明らかにした研究成果は、朝鮮陶磁史の基本文献として今日に至っています。

弟の浅川巧は、１９１４（大正３）年、兄の伯教を慕って朝鮮半島に渡り、林業技手として荒廃した山々の緑化に奔走するかたわら、兄とともに朝鮮白磁をはじめとした朝鮮陶磁を研究し、『朝鮮陶磁名考』を書き残しました。また、木工品などの工芸品に民衆芸術の美を見出し、優れた文化として日本に紹介しました。巧は、日本による植民地支配の時代にあって、朝鮮の人々に同じ人間として接し、朝鮮語を話し、その風俗や文化を愛し、１９３１（昭和６）年に40歳の若さで朝鮮の土となりました。今も、ソウル市忘憂里（マンウリ）にある墓は、彼を慕う韓国の人々によって守られ続けています。

2. 浅川伯教・巧兄弟資料館

朝鮮工芸の美を日本に紹介した浅川兄弟の人と業績を紹介し、日韓友好親善の情報発信基地であることを目的として２００１（平成13）年に、兄弟の故郷である北杜市高根町に設立されました。資料館には兄弟の足跡がわかる年譜やビデオ解説、ジオラマ、朝鮮の青磁・白磁のほか、朝鮮陶磁研究家であり芸術家であった伯教が残した書や絵画の数々、巧が朝鮮の人々へのさまざまな想いを綴った日記など、貴重な資料が展示されています。

3. 韓国京畿道抱川市と北杜市の友好親善

大韓民国京畿道抱川市（キョンギドゥ・ポチョン市）と北杜市の交流の始まりは、１９９５（平成７）年にさかのぼります。浅川兄弟の生誕地である高根町五町田（ごちょうだ）地区の代表が浅川巧の墓参ために韓国を訪問した際に、当時の高根町長が「親書」を託して、浅川巧の生き方を継承するための協力を韓国林業研究院の院長である趙在明先生に依頼しました。これを機会に韓国洪林会（退職者の会）に、「浅川巧先生記念事業委員会」が創設されました。一方、高根町では、浅川兄弟の功績を後世に語り継ぎ、日韓の友好親善の輪を広げるために「浅川伯教・巧兄弟を偲ぶ会」が設立されました。

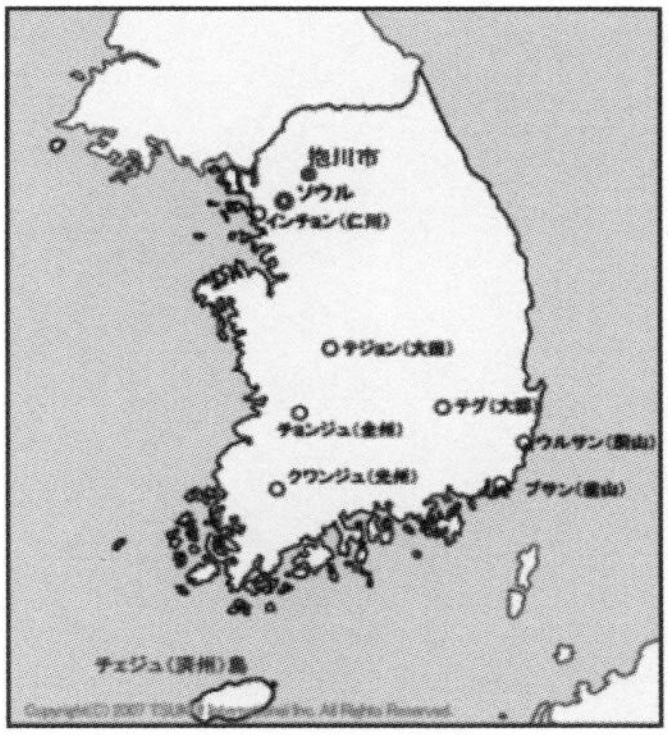

日韓の心をつなぐ架け橋となった浅川兄弟の思いが伝わったかのように、交流の輪は次第に広がり、浅川巧が訪れていた林業試験場の出張所があった京畿道抱川郡（現在「抱川市」）が交流先の候補にあがりました。１９９８（平成10）年には高根町長が初めて抱川郡を訪問、翌１９９９（平成11）年には高根町議会議員が抱川郡を訪問し、また同年には抱川郡の訪問団が高根町を訪れました。

そして、２００１（平成13）年に、「浅川巧先生七十周忌日韓合同追慕祭」がソウルで行われた際、高根町長が抱川郡を表敬訪問し正式に姉妹縁組の申し入れがされ、２００３（平成15）年3月21日には姉妹結縁盟約書の調印式が挙行され、両町郡の本格的な交流がスタートし、その後北杜市に引き継がれました。現在では、中学生のホームステイ事業や文化交流事業が活発に行われ、友好の輪がますます広がっています。

第Ⅲ講　川越唐人揃いパレード18年間の取り組み
――朝鮮通信使の精神を現代に継承

江藤　善章――川越唐人揃いパレード実行委員会代表

「川越唐人揃いパレード」に参加された方もいれば、あるいはまったくご存知ない方もいらっしゃるかもしれませんので、最初に二つほど映像を紹介したいと思います。一つは韓国ＫＢＳが取材して、韓国国内のニュースで放送されたものです。二つ目はこのパレードに協力してくれている川越高校の放送部がプレゼンテーション的な映像をつくってくれました。これを最初に観ていただいて、こんな感じでやっているということがわかっていただければと思います。

■映像紹介（本誌では、二〇二二年一一月一三日の案内ビラとホームページの写真を掲載します）

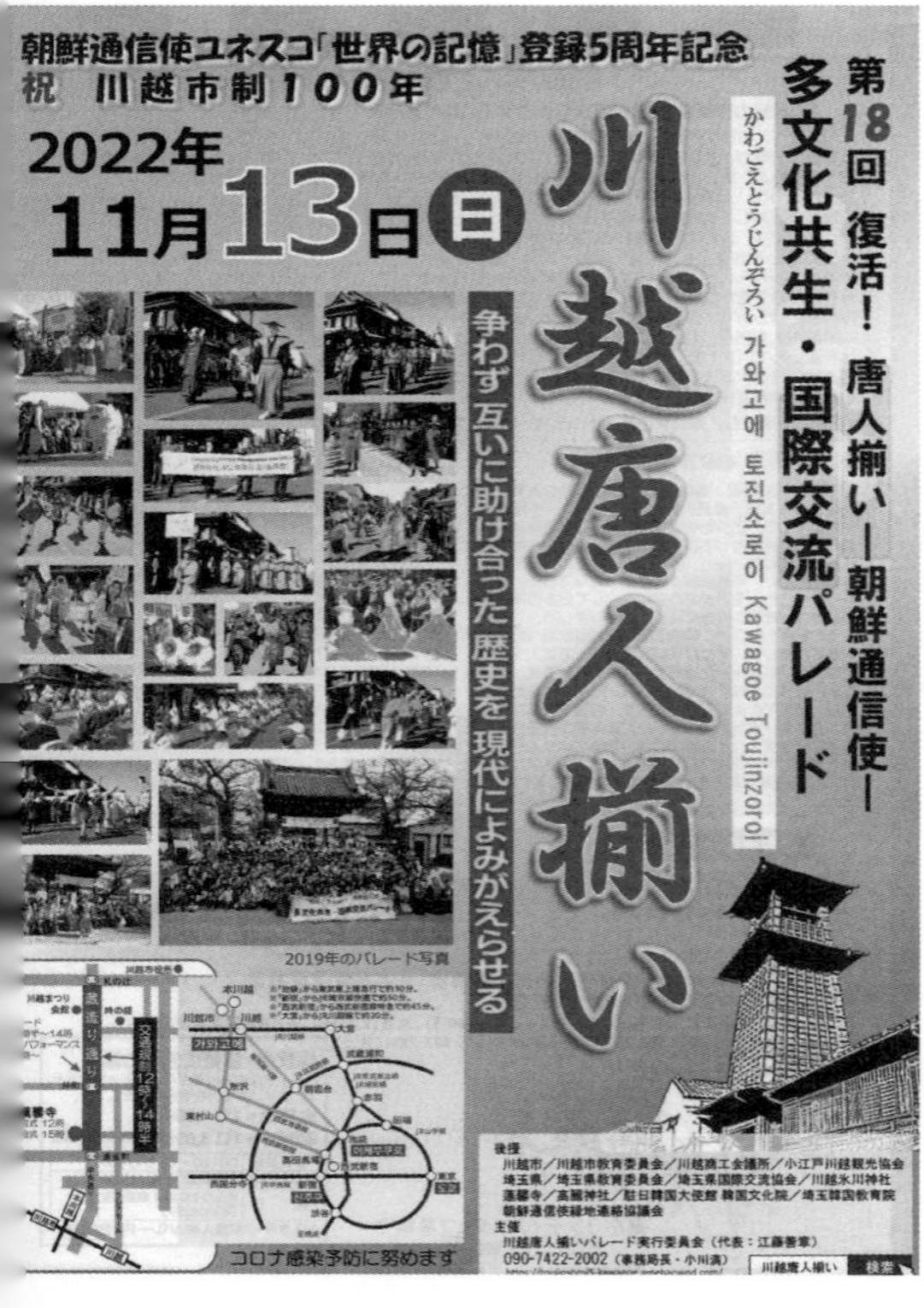

歴史が育んだ叡智を生かす

20世紀の悲劇を21世紀に繰り返させてはなりません！

2022年、コロナ禍が収まらず世界中がまだ苦しんでいるさなか、思いもかけないウクライナ侵攻という戦争の悲劇が、世界を覆っています。「20世紀は戦争の世紀」でした。第一次大戦での犠牲者総数は約3700万人、第二次大戦での犠牲者総数は5000万～8000万人。この途方もない数字の一つ一つに、かけがえのない人間の命がありました。20世紀の悲劇を21世紀に繰り返させてはいけないのです。人類の歴史が証明しているのは、交わりだけが豊かさと平和を生み、争いは憎しみと悲しみしか生まないという真実です。武力で平和を作ることは絶対に不可能なのです。

平和を生み出すのは、人種・民族・国家・宗教を越えて、人と人が直接触れ合い、交流することでしかありえません。江戸時代の日本と朝鮮は文化交流を基本とした善隣友好の政策をすすめ、偏見や憎しみを乗り越え豊かな関係をつくりあげました。それが「朝鮮通信使」です。2017年にユネスコは、平和の方法を指し示す「世界の記憶」と認定しました。

川越町人たちは、江戸に来た朝鮮通信使を見て、その仮装行列（唐人揃い）を川越で始め、平和な時代を楽しんでいました。その精神を多文化共生・国際交流として現代に生かしていこうと2005年から復活させ、コロナ禍のために2年間できませんでしたが、こんな今だからこそ、誰もが違いを乗り越えて楽しめる、平和友好のパレードを実現したいと思います。

参加して楽しむ、見て楽しむ、その行為一つが、豊かな未来と平和への道につながるのだと思います。

朝鮮通信使とは？

今から430年前、豊臣秀吉は突如15万の大軍で朝鮮を侵攻し（文禄・慶長の役1592～98）、中国の明とも戦いました。この戦争は朝鮮を戦火に巻き込み、多くの朝鮮人が捕虜として日本に連行されるなど大変な被害をあたえました。一方、徳川家康は肥前の名護屋城に出陣しましたが、兵を朝鮮には送りませんでした。そして政権を握ると、東アジアの平和なくして日本の平和はないと考え、朝鮮との国交回復に努力しました。

その結果1607年、朝鮮王朝から徳川家康への使節が派遣されました。それが「朝鮮通信使」です。「通信」とは「信（よしみ）を通わす」という意味です。通信使は江戸時代に12回、毎回400～500名の大使節団が来日し、国家間の外交にとどまらず、学問・芸術を通じた豊かな文化交流が実現しました。通信使が通る沿道では行列を一目見ようと人垣ができ、宿舎には文人たちが交流を求めて押しかけました。隣の国との友好的な交流が200年も継続した歴史は世界的にも稀だと言われています。

川越に通信使は来たの？ 唐人揃いって何？

朝鮮通信使は1636、43、55年の3回、日光東照宮に行くため江戸から日光に向かいました。ですから埼玉県東部の草加・越谷・春日部・栗橋など日光道中を通過しましたが、埼玉県西部の川越には来ていません。

朝鮮通信使は江戸時代の日本人にとっては一生に一度あるかないかの貴重な異文化体験でした。川越の豪商、**榎本弥左衛門**は、1655（明暦元）年に江戸で朝鮮通信使を見物し、華やかな行列の感動を『榎本弥左衛門覚書』（東洋文庫）という日記に書き残しています。その後、1700年頃の川越氷川祭礼（川越祭り）では、朝鮮通信使の仮装行列である「唐人揃い」と呼ばれる練り物が出されました。（「唐人」とは中国人ではなく広く外国人を指しています）

また、川越氷川神社には、「唐人揃い」が描かれた『氷川祭礼絵巻』や実際の通信使を描いた『朝鮮通信使行列図大絵馬』も奉納されており、川越町人の進取の気性と異国情緒を楽しむ心意気を感じ取ることができます。

朝鮮通信使の道

平和と友好の歴史を築いた朝鮮通信使関連の記録や書画が2017年10月、ユネスコ「世界の記憶」に登録されました。

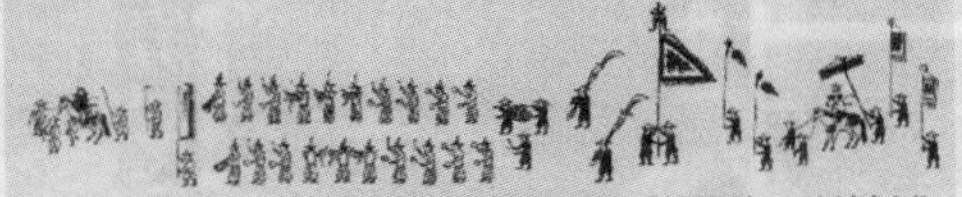

「川越氷川祭礼絵巻」"唐人揃い"（文政9年・1826年）より

■パレード参加団体・衣装着用者・子ども通信使募集

申込み締切り：9月30日（金）

参加費：団体（3,000円より）、上官（3,000円）、女官（2,000円）、子ども朝鮮通信使（無料）

申込先：TEL 080-1054-7024・FAX 048-667-2461（井出）

■ボランティアスタッフ募集中

申込先：TEL 090-7422-2002（小川）

協賛金・協賛広告のお願い

パレードは市民の皆さんの支えで運営されています。ご協力をお願いいたします。

協賛金＝1口 1,000円

協賛広告＝1口 3,000円（当日配布チラシに掲載）

郵便振替	00120－1－545467
ゆうちょ銀行	○一九店 当座 0545467
銀　　行	埼玉りそな銀行 東浦和支店 (普)0662895

加入者名＝川越唐人揃いパレード実行委員会

多文化共生・国際交流パレード
IN川越－今よみがえる平和友好の歴史

TONGSINSA
通信使
Joseon Dynasty Tongsinsa Societ
朝鮮時代通信使顯彰會(後孫會

今日は、私がお話しすることになりましたが、川越唐人揃いパレードの一八年間の歩みを私が客観的に追うことは、ちょっとできないなと思いました。というのも、これまで本当いろんな人たちが、それぞれの思いのもとで関わり継続することができたと思うからです。それをまとめることはできないので、私の私的な思いに基づいて、唐人揃いパレードを振り返る形にしたいと思います。

＊北九州市戸畑区

私が「朝鮮通信使」に出会ったのは一九七〇年のことです。私は北九州市戸畑区で生まれ育ちましたが、そのことが通信使との関わりでは非常に大きかったんです。戸畑区は朝鮮人の多住地域です。私の隣の家は、パチンコ屋のキムさんでした。一番の金持ちで、このお宅には車もテレビもすぐ入りました。ですから私が子どものときには、若乃花とか栃錦とか力道山なんかを、その家に見に行っていたわけです。

でも普段は、地域全体にものすごい差別がありました。朝鮮人はコムシンを履いてチマチョゴリを着ます。もうそれ見ただけで、大人たちが、侮蔑的な言い方をする。それを当たり前のように身につけて日本の子どもたちが育っていく。そういう地域でした。

何でそうなのかわからないままでしたが、差別する側と差別される側というのは、明確にわかっていた地域でした。この地域にどうして朝鮮人が多いのか、ずっとわからなくて、大学に入ってもわかりませんでした。

そのころ東大で宇井純が公害原論をやっていました。私はずっとそこに通っていたのですが、その講義が終わった後にチラシが配られて、その中に現代語学塾のチラシがありました。韓国語朝鮮語を教える、本当に最初の頃の塾が代々木にあったんです。

ああ、朝鮮語を勉強したいなと思って塾に行きました。朝鮮語韓国語はもちろんのこと、そこで初めて朝鮮と日本との歴史的な関わりや、いろんなことに目が向きました。そのときの、私にとってはかけがえのない恩師が梶村秀樹という東大東アジア史の先生でした。日本の市民運動、在日の問題を考える運動の中心的な人物として活動されていました。

そこで自然にいろんな話を聞くようになりました。その中に福岡さんという女性がいました。呉林俊（オ・イムジュン）という在日朝鮮人文学者・作家のパートナーの方でした。彼女との出会いの前から呉林俊の本を私も読んでいましたが、「江藤さん、戸畑だよね。この本の中に三六《さんろく》が出ているよ」と言うんで、「えー」と驚きました。読んだら「三六」に行くプロセスが本の中に書かれてあるんです。

彼は一九三〇年に釜山から船に乗って日本に来ます。そのフェリーに乗るときに、漢数字で「三」と「六」と書いた紙を渡されるんです。

それを持って下関で降りる。降りてちょっと歩くと下関から門司港へ行く駅があるんです。「三六」は珍しい名前ですから、だいたい駅の人は知っています。その紙を窓口で出すと、それだったら門司港から西鉄電車（昔は西鉄じゃなかったと思いますけど）に乗れば行けるので、何も言わなくても、お金さえ払えば門司港までのチケットをくれるんです。

北九州市戸畑区の三六商店街の看板

それで門司港で降りて、すぐさま電車がありますから、「三六」を見せればそこまでいける。今はもう電車もないですが、三六商店街が今でもあります。

この三六商店街のところに八幡製鉄、あるいは筑豊炭鉱、洞海湾《どうかいわん》で石炭の搬出という本当に厳しい労働をやる人たちが集中する。いわゆる労働下宿、飯場があるんです。その下宿とか飯場を経営している人は、ほとんど在日の人たちだったわけです。

そこに行けば仕事が与えられるので、たくさんの人が集まっていたということがわかりました。全然何もわからないまま、小学校、中学校と行きましたが、でもどこかおかしいなって気分だけはしっかり持っていたんです。

そして高校に入りまして、生徒会活動に参加していたときに、折尾というところにあった民族学校、朝鮮高校と交流することになり、生徒会役員として参加して、そこで初めて同年代の在日の高校生に出会いました。

今まで私はあくまで差別をしていく側であり、出会ったのは「ああ、朝鮮人か」と差別される側の朝鮮人でした。話もほとんどしたことがない。小学校には朝鮮人の子がいっぱいいましたから、話はしています。ただ対等な意識で見てはないんです。

高校に入って交流して、彼らが目を輝かせて自分たちの未来や、民族、祖国、日本の歴史についてどう思うと喋り始めたときに、もう目からウロコで、ああ、そうだったんだな、もっとしっかり勉強しなきゃいけないなと本当に自覚しました。

大学で早稲田に来て勉強し始めましたが、みすず書房の『関東大震災と朝鮮人』を読んでびっくりしました。こんな歴史があったなんて、教えてもらったこともなかったからです。自分なりに何かをやっていく、そのために学ぼうという気持ちが起きてきたということです。

＊朝鮮通信使との出会い

通信使との出会いについてですが、皆さんは金嬉老（キム・ヒロ）事件をご存知ですね。「ライフル魔事件」と言われ、山荘に閉じ籠って、差別した警察官に「出て来い」と、やった事件です。その「公判対策委員会」がこの語学塾の看板と並列してかかっていました。じゃあ検証しにいくぞというので行きまして、その一番最初のところに、ほとんど全ての通信使が泊まった静岡県興津《おきつ》の清見寺があったんです。この清見寺には、ものすごい数の朝鮮通信使に関係する歴史資料があるわけです。

私も朝鮮通信使は知っていました。でも歴史の彼方にあるものが、何でここにこんなにいっぱいあるのかと、それが驚きでした。それから朝鮮通信使について、かなり意識し始めることになりました。

その後高校の教員になって、埼玉県立戸田高校で社会科を教えることになりましたが、とにかく朝鮮高校が近かったから、ケンカ、ケンカ、ケンカの連続でした。

私は柔道部の顧問をやっていましたが、体のでかい連中たちが「行くぞ」と言って、ダーッとケンカに行く、そういう雰囲気の学校でした。

だけどケンカを通じて、彼らなりの交流がありますから、タンベ（タバコのこと）とか、ソンニャン（マッチ）とか、隠語のつもりで朝鮮語を使うんです。「先生、タンベ持ってますか」とかね（笑）。とにかく彼らなりの交流がありました。

それでいて結局、何も知らない。私が中学校、高校のとき何も知らなかったように、彼らも何も知らない。それがただ延々と継続している現実があって、やっぱりしっかり教えていかなきゃいけないと思い、学校現場の活動でも、自分なりにやっていくことになります。

＊在日朝鮮人生徒の教育を考える会

当時東京には、教員たちが中心になって「在日朝鮮人生徒の教育を考える会」というものがありました。新聞のイベント欄にそれがあったので行ったところ、素晴らしい人たちとたくさん出会いました。そこから、生徒たちの現実や子供を持つ親たちの話を真正面から聞くことで、これをそのままにしているのは日本社会の私たちの問題だという、しっかりとした自覚を持つことになりました。

学校現場で、私にとって大きかった出来事は、隣のクラスの生徒が卒業していったときの話です。

その生徒は社会科の部屋に来て、隣の同じく世界史を教える担任に、「先生、親から『日本の就職差別は厳しいぞ』と言われていたけど、本当に厳しいんですね」と言ったんです。成績は良かったけど就職差別でダメでした。

その先生は「そうか。やっぱりそうか。でもきっとそのうち良くなるよ」と言いました。側で聞いているにもかかわらず、私はその間に入って言うことができない。私はそれまでまだ受身だったんです。このことが、やっぱり自分で動くことをしなきゃならないというきっかけになりました。

そこからいろんな運動といいますか、自分なりにできることをやってみようということが始まります。差別を撤廃するための活動、それから埼玉県の歴史を生徒と一緒に調べ上げていく。これは結局、ずっと退職するまでやることになりました。埼玉と朝鮮、その系統の本もつくりながら、ほとんど生徒と一緒にやりました。

それから上福岡三中の、在日三世の男の子が民族差別によって飛び降りて亡くなりました。その糾弾闘争を闘って、四年かかりましたけど、最終的に埼玉県の対応としてちゃんと謝罪をとって、教育指針まで出すところまでいきました。これも非常に大きかったです。

＊東京から対馬へ、朝鮮通信使の足跡を辿る

ただ、そういう活動だけでなく、やっぱり学校現場でやっていくためにはもっといろんなことをやらなければならないと思うようになります。私は九州が故郷です。既に朝鮮通信使のこともだいぶわかってきましたから、東京からの帰りがけにその足跡を辿ることになります。

静岡には寶泰寺というお寺があって、「見せてくれませんか」って言ったら、「電話もしないで見せろとは何事だ」と怒られましたけど、「その笑顔がいい」とか言って許してもらいました。あそこも通信使が必ず泊まったところです。

それから年々、京都、瀬戸内、福岡と立ち寄って、対馬まで一通り回ったわけです。歴史がいっぱいある。これをどうにかしなきゃいけないということが本当にわかりました。

そのプロセスの中で、滋賀県の雨森芳洲《あめのもりほうしゅう》のところに行くことになるわけです。江戸時代に、彼が生まれた雨森というところは、今はもう本当に立派なアジアの交流センターになっています。行かれた方も結構いらっしゃるかと思いますけども、一九七〇年代の真ん中ぐらいのときの芳洲庵は、見る影もないボロボロの家でした。そこに行くと、吉田達さんという方がいました。

この方が一生懸命雨森芳洲の本を守り、芳洲庵を守り続けてきたんです。書庫を開けて、本の

原本を見せてくれたんです。そして、「この精神を今の日本に広く伝えなきゃいけない。死ぬまでに、私がやらなきゃならない仕事です」と言われました。

私は本当に感動しました。そういう人に出会って、僕もやっぱりやらねばならないなと思いました。その後、少ししてから朝鮮通信使の映画が出てきます。

それから、教科書問題を扱った金達寿（キム・ダルス）とか、李進熙（イ・ジンヒ）の本も出たので、それらを使いながら、仲間たちに声をかけて動き始めます。

＊韓国の旅　豊臣秀吉の朝鮮侵略を追って

もう一つ、朝鮮通信使の前に起きた豊臣秀吉の朝鮮侵略の過程です。これを観ていかなきゃいけないと思いました。それで一九七四年に一人で韓国に行きました。ハングルは、読むことはできるというぐらいでしたが、釜山から浦項《ポハン》に行って、東海岸をバスで北上して江陵《カンヌン》までのぼっていく。

浦項に一泊した時に旅館の主人《あるじ》が、「これからどこに行くんだ」と聞くので、「江陵まで行く」と応えると、「危険だから、行くのはやめなさい」と言われました。

東海岸側は、まだ戒厳令下でした。夜は一切ダメで、海岸は夜八時ぐらいから歩いてはならなかったんです。北朝鮮の潜水艦が来て、スパイが入ってくるという事件もしょっちゅうでしたから、ものすごく警戒されていました。

私はよくわかってなかったので、「でも、行ってきます」と言いながら出発しました。でも、浦項からちょっと北にのぼっていったところでバスが止められて、カービン銃を担いでいる韓国の軍人が、一人一人パスポートの確認に来ました。厳しいことが初めてわかりました。

朝鮮半島をとにかく北にのぼって、転々としていくわけで、初めて泊まったところがテージンという漁村でした。泊めてくれていった漁民の方は、おでこがへこんでいて、「日本軍に殴られてへこんだんだ」と言いました。だけど、私には全然ウェルカムだったんです。

丘の上に登って写真を撮ろうとして、韓国の軍人に捕まりました。トーチカがあったんです。すごく厳しく調べられていたときに村人が来てくれて、私の身元保証人になってくれました。それから三日間泊まりましたが、軍人が必ず私のそばにいたんです。

もう、みんなすごく良くしてくれました。何でこんなに親切なんだろうと思いました。まだまだ非常に反日が厳しい時代です。

国家とか民族とかそういった属性を取り払って、人間が一対一で向き合えば、本当に心を通わせることができる。この体験は強烈でした。

それから、漁民たちは海に出ると、沖合で日本の漁民たちと物々交換しているという話を聞かされました。彼らはまだ植民地時代の体験が残っていて、日本語で喋ることができたんです。自由に船で物々交換するなんて当たり前です。海に国境はない。国境はあえてつくったものであって、必要なら国境を越えて自由に交流できる。それが現実にできているのも強烈でした。

それから数年間、秀吉の侵略の経過を辿っていろんなところを回りましたが、どこに行っても一対一の関係であれば、何の問題もありません。しっかり歴史を学び、一対一で向き合うことさえできれば、歴史を超えていくこともできると思いました。

そうしているうちに、朝鮮通信使を現代に生かすことが、交流の基本になるのではないかとおぼろげながら頭の中に浮かびました。

＊埼玉コリアフェスティバルから川越唐人揃い

私は民族差別、在日朝鮮人韓国人への差別問題、指紋押捺の闘いなどいろんなことをやりました。このセミナーの主催者の裵さんともそこで出会ったわけです。地域、埼玉県の行政交渉。指紋押捺だけでなく、様々な差別撤廃の交渉もやってきました。

九〇年代に入ると、日本と韓国の関係が非常に良い状態に向かいます。民主化の動きが起きてくる。一九九八年に小渕首相と金大中大統領の共同宣言が出されました。このあたりから、韓国では日本文化の解禁も行われました。「冬のソナタ」などの韓流ブームの最初のあたりです。そうしたこともあった上で、秋田の民族芸能舞踏団「わらび座」が朝鮮通信使をテーマにしたミュージカルをやる。これを埼玉でやろうではないかという動きがあって、埼玉民団や埼玉新聞、それから韓国へ修学旅行を続けていた細田学園、カトリック教会など、いろんな市民団体や個人が集まって「埼玉コリアフェスティバル・今よみがえる朝鮮通信使実行委員会」というものをつくりました。李政美（イ・ジョンミ）のコンサートを開いたり、通信使と関係する地域を回ってみたりといった活動を半年やって、一二月に上演したところ満席で、成功裏に終わったんです。

実行委員会ですから普通はこれで解散ですが、それはもったいないというので、翌年（二〇〇三年）、通信使の精神を現代に活かすための会をつくることになり、「埼玉・コリア21　今よみがえる朝鮮通信使」、略称「埼玉・コリア21」ができたわけです。

このメンバーで、どうしようかといろんな話しましたが、朝鮮通信使のパレードをやろうではないかということになりました。やるんだったら川越じゃないか。川越でやるにはどうすればいいのか。川越をもう少し調べることにしました。

それから私は川越の図書館にこもりました。郷土の歴史を調べる人たちの集まりは必ずあります。郷土史家と言われる人たちが、自分で調べた報告書をもとに毎年小さな冊子をつくっていました。

図書館でそれを片っ端から見ていたら、結構出てくるんです。絵草紙のようなものや、榎本弥左衛門《えのもとやざえもん》の日記だとか、それらを全部図書館から借りて調べていたら、川越の商人が品川まで朝鮮通信使を見に行っていたことがわかりました。その人たちが中心になって、川越唐人揃いという仮装行列をやっていた。

これは使えるじゃないかということで、みんなに話して、みんなもそれぞれ川越の絵馬などを見ていますから、これはやれるというので始めました。

そして開催日は二〇〇五年一一月一三日に決まりました。じゃあそれに向けてやる。しかも二〇〇二年にサッカーワールドカップの日韓共催があったので全体的にも盛り上がっていて、政府の方も、団体に対して補助金を出すというんです。

約百万円が下りました。それで買ったのがあの朝鮮通信使の衣装です。一八年間使っています。韓国の培花《ペファ》女子大学の日本語の先生に話を持っていったら、その大学は韓国の服、韓服の学科があって、大統領や奥さんの服なんかもをつくるような教授もいるという話でした。そこでお願いしたところ、「それなら時代考証してちゃんとつくりましょう」と言ってくれて、できあがったのがあの衣装だったんです。本当に大きな財産になりました。

そういうものをつくってもらいながら、じゃあどういうふうにやるのかと、やるための一つの方針みたいなものをつくったわけです。

　全国で行われている朝鮮通信使のパレードのほとんどは、昔やっていたものを再現するものなんです。ところが川越に、通信使は来ていません。

　それならむしろいいじゃないか。昔も仮装でやっていたのだし、我々も仮装。仮装だと考えれば、もっと自由に発想していいじゃないか。そうだ、とにかく違う文化や違いがある人たちがみんな自分の主張を持って集まって、ワイワイやればいいじゃないかとなりました。

　それで「多文化共生」「国際交流」という形になったんです。こういうものを前面に立てた全国の動きは無いんです。

　そのうえ、日韓関係のイベントは、日韓の政府のやり取りがぶつかると、ほとんど中止になってしまいます。なぜかというと民間側も、行政からお金をもらっているからなんです。

　それなら初めから自前でやるぞ、一人千円で集めようじゃないかとなりました。完全な経済的自立です。もらえるものはもらうけども、基本は自立です。

　それから、政治的な主張は持ち込まれると面倒くさくなるのでしないようにする。そういうパレードをやろう。だいたいこの辺に基本を置いてやる方針が出来上がりました。

2005年11月13日　第1回川越唐人揃いパレード

川越氷川神社宮司

榎本弥左衛門　総連　副市長　民団　韓国市民

これらが第一回目の時の写真です。川越の氷川神社の山田宮司さんはもちろん賛成。なにしろ神社で唐人揃いをやっているんですから、「当然ですよ」と話してくれました。それから郷土史家の小泉さんもそうですし、次のセミナーで講演される河正雄（ハ・ジョンウン）さんも飛んできてくれました。そしてパレード中に商店街の一軒一軒で、「どうですかこの祭りは？」と聞いてまわっていて、みんなが喜んでいることを報告してくれました。本当に喜んでくれましたね。

そういうことで、出来上がって万々歳だったんですね。

＊継続待望の声と上田県知事（当時）の開催妨害

私たちはこの一回しか考えていなかったのですが、皆さんが「またやるんですよね」と言うんです。川越市役所の観光課の人からも言われて、じゃあまたやろうかということになり、一八回目まで来てしまったという感じです。

河正雄　埼玉新聞　川越歴史家小泉氏　山田氏

ずっとうまくいったわけではなくて妨害もありました。大きな妨害は二回ほどです。

一つは第一回目のときのことで、やっぱり相当抵抗感があったんです。川越の蔵造りの街並で、サムルノリやケンガリなどをガンガンガンガンと鳴らして通っていくなんて、たぶん初めてだったと思います。ものすごい音量で、あのときはまだ三〇〇人までいってなかったと思いますが、やっぱり驚いたでしょう。

特に、朝鮮韓国がらみのパレードだという認識ですから、「多文化共生」の言葉よりも、そちらの認識の方が強く残って反発する人たちがいるわけです。そこから市役所にすぐ電話が入りました。

私たちは総連にも民団にも参加を呼びかけました。オリンピックなどのスポーツで両方が統一する場合、両国は青い統一旗を掲げます。国境がない旗です。

その旗の右下に小さな白い点がある。それを望遠カメラで撮って拡大して市役所に持ち込んで、「日本の領土の竹島を自分の領

土として表示して旗にするのは何事だ」と抗議した人がいました。それで私たちが呼び出されて、「これ、どうなってんだ」という形になるんですね。

それから多文化共生ですから、もちろん障害者団体も初めから一緒です。障害者の文化、すごく素晴らしい絵とかいっぱいあります。そういうコーナー設けましたし、障害者の楽団も参加しているわけです。

その楽団がトランペットを奏でチンドン屋さんも入って、インターナショナルを歌うんです。これが結構楽しいんです。

それを聞いた人が、「労働運動の歌を歌うとは何事だ」という。そういう苦情が入ると行政側もビビってしまう。そして私たちに対して、二度とそういうことがないようにしてほしいというようなことがありました。

でも今から考えるとそれも小さな話で、一番大きかったのは二番目の出来事です。なんと埼玉県の上田知事が、私たちにとんでもないクレームをつけてきたんです。

二〇一三年の第九回パレードの時のことです。パレードのチラシの裏に、唐人揃いとは何かとか、朝鮮通信使とその経過についての説明が書いてあります。その内容はずっと書いてきた同じものです。

九回目の後援をもらうために提出し、OKももらいました。OKをもらって印刷したのに、クレームがついたんです。

そのクレームはどんなものかというと、「説明に『侵略』と書いてある。けしからん。あれは侵略じゃない。せめて侵攻と書け」です。（笑）

もう一つ、「拉致」という言葉、あえて書いたんですよ。間違いなく拉致なんですから。「拉致、これはおかしい。『連れられて来た人々』にしなさい」。

彼のブレーンには歴史修正主義者が集められていたんです。学校の教科書に対しても、すごい横やり入れてきましたから。その辺の連中たちがたぶん、入ってきたんでしょう。

全く歴史的な知識がないんです。そして「これが直らない限りは後援を取り消す」という。

これはおかしいぞということで、すぐに反論の文書、資料を出しました。丁寧に出しました。

そしたらまた文書が来て、先ほど言ったように、「侵攻ならいい」とかっていうわけです。

これはもう間違いなく不当な、事実無根の攻撃です。これをどうするか、実行委員会では何度も話し合ったんです。

これはもう頭にくる話で、真正面に闘っていいわけです。「こんなの許してはならない」と強く言ったのが今日この場に来ている事務局長の小川さんです。とんでもない話だから全国の人に声をかけて闘おうじゃないか。当然ですよね。

もう一つの主張は、川越で九回開催して一定の支持も受けていて、行政側のみんなもわかってくれているし、商店街の人たちもみんなわかってくれている。この動きを継続していくことの方がもっと大事じゃないかというものでした。

この立場に立った人が斎藤さんという方で、素晴らしい人なんです。韓国や日本の労働運動にも直接関わりながら、ずっと闘い続けて、私たちよりも先に亡くなられていきましたが、素晴らしいポスターやチラシをずっとつくってくれた人なんです。

「二万人もの人が見に来る。そして三〇〇人を超えるような人がパレードやっていく。これほど大きく、大衆が喜んで、しかも意味ある行動を継続する方が大事じゃないか」

「こんな奴（上田知事）の話なんか、どうでもいいじゃないか。蹴っ飛ばしてこのままでやろう」

この二つ、両方とも正しいですよね。

私には、先ほど話しました上福岡の四年間の経験がありました。この行政交渉については、勝つ見込みは間違いなくあります。でも、ものすごく時間がかかるだろうし、継続することはたぶんできない。そう思ったときに私の頭の中は、最後まで継続してもっともっと伝えていこうじゃないかという斉藤さんの立場になりました。

そしてみんなで話し合い、それぞれの思いを述べていただいて、継続しようということで、「侵略」が「侵攻」に、「拉致」が「連れてこられた」という形になるけれど、可能な限り、事実に沿った話をするように持っていくことにして現在まで来ています。

この選択が良かったかどうかは、今日の話の中でも論争して結構ですし、これからまた考えねばならないことかもしれません。今から振り返っても、忸怩たる思いはこの部分です。

＊一八回目の意義とパレード継続の限界

そんなことがありながらも、今回一八回目が来るんです。本当に日本中にこのパレードが知られていったし、韓国の中でも知られ始めました。

私は国立木浦《モッポ》大学に留学して、ある程度文章も書けるようになりましたから、資料を集めて、釜山文化財団の理事長宛にハングルで手紙を書きました。そしたらすぐさま電話がかかってきて、「民間人で、こんなことやっているなんて聞いたことがない」と言うわけです。

縁地連《えんちれん》（ＮＰＯ法人朝鮮通信使縁地連連絡協議会）というのは行政が中心です。それで「すぐ話を聞きたい」と言うので、私一人で行ったんです。詳しく説明したら、「本当にそんなことやってるんですか」と言われて、資料もいっぱい配りましたからとても喜んでくれました。

「今年の秋は、参加はできないけれど、まず見に行くよ」と言って、代表理事と何人かが見に来てくれました。見に来てくれたほどですから、文化財団はおそらく日本国内の縁地連の、どの地域の動きよりも川越の唐人揃いを評価してくれました。

本当にそうなんです。だからいろんな支援をしていただきました。こちらからも送ったり、そういう交流ができました。

それから詩文の形式です。段々慣れてくると、榎本弥左衛門さんも民間同士で詩の交流をしたんです。朝鮮通信使はみんな詩の交流をやっていました。それで、これやろうじゃないかと。

これも実は釜山文化財団との交流の歓迎会があって、ワイワイ飲んでいた時に、「何か他のことやろうじゃないか」「詩なんか書いたらどうですか」という話になり、「おお、いいねえ。じゃ、詩を書きましょうよ」となったんです。

そしたらこの代表理事が、韓国の詩の律、時調《シジョ》か何かを研究してる文学者でもあるんですね。「じゃあ、俺が書くよ」って言うんです。寿司屋さんの主《あるじ》が榎本弥左衛門の役になっていますから、「じゃあ俺も書く」といって俳句にして、二人が交流をする。最高でしたね。この形式が今、ちょっと広く伝播して、対馬でもやり始めているという話も聞いてます。

そして二〇一七年一〇月三〇日にユネスコが朝鮮通信使をユネスコ世界記憶遺産に登録することを決定して、世界的にも認知されました。こういう大きなことができて繋がっていった、それが埼玉の中でできたっていうことは、やっぱり意味があったと思います。

ただ、限界がありました。

私たち実行委員会の動きの中心は川越のメンバーではないんです。結局、後継者を川越でつくれなかった。そのために、今回を最後にやめざるを得なくなってきたんです。世代交代ができなかった。それが大きな問題です。

私の方の話がちょっと長くなりました。上田知事の妨害に、一番頭に来ていた事務局長の小川さんにも少し時間をあげてください。

■小川満さん（川越唐人揃いパレード実行委員会事務局長）

小川です。私から付け加えるとしましたら、さっきの上田知事（当時）の話です。

これは二〇一三年のことでしたが、実はその次の年に川越で縁地連の全国交流会を予定していたんです。そのような時でしたから、私はこの上田知事の妄言には、正面切ってマスコミに流し、全国にも知事のひどさを知らしめたいと思いました。小学校中学校の教科書にも載ってる「侵略」の言葉について、「侵略とはわからない」などと言うんですから。

でも翌年に交流会をやろうというときに、県ともめているというのも、ちょっとどうかなというようにも思いました。教科書なんかも出してやり取りしたら、知事の方から「侵攻でどうだ」というふうに言ってきたんです。

じゃあ、譲歩して貸しをつくるというか、ここは一旦おさめようかと思った次第です。

それから、最初のパレードの時に、朝鮮韓国の統一旗のことがありましたが、川越の人たちはあの蔵造りの街でかなり派手な動きをすることや、事務局の中心メンバーがほとんどが川越以外の人だったので、よそ者と朝鮮人が来て騒いでいるというふうな印象で見ていたというようなことを聞きました。私なりに一八年間やってきて、ちょっと疲れましたが、それでも、よくまあここまでやってこれたなあと思いました。

これをつくってきたのは、なんと言ってもチーム江藤なんです。江藤さんを中心にして、私と事務局の女性が三人。しっかり者の女性たちがいて、基本的には五名でやってきました。このパレードをやるときは、まず私たちで企画し、運営、渉外、役所や警察の交渉と、人集め、金集め、最後に力仕事です。もうテントなんかも、江藤さんと二人でね、軽トラックやレンタカーで借りに行ったりしながらやってきたんです。

続けることができたのは、赤字を出さなかったことが大きかったと思います。皆さん方のカンパで、ほとんど賄うことができました。だいたい一〇〇万円の予算でやりますが、三〇〇名から四〇〇名の規模のパレードを、一番街という蔵造りの通りを止めてやると、警備会社に払う警備費だけで三三万かかるんです。

それ以外にも、いろいろ警備関係が厳しくなって、通行止めのところに主催者で車を用意して、バリケード代わりにしろと言われたり。ただでさえスタッフが少なくて苦労しているのに、そういった無理難題もあったりします。

でも、一番長く続いた理由は、やっぱり江藤さんと私が喧嘩しなかったっていうことで、とりあえず、今年一八回目、有終の美を飾れたらいいなと思ってます。

〔質疑応答〕

（Q）八王子から来ました。僕も朝鮮通信使の関係のところ回っていて、川越の特徴がよくわかりました。一〇〇万円の韓服のお話がありましたけど、あれは今後どう活用するっていうか、あれはどうされたりするのですか。

（江藤）これは事務局長の小川さん。

（小川）あれは本当によく一八年間も使えたと思います。さっき映っていた正使役の女性が培花女子大の崔（チェ）先生。彼女の紹介で、通信使の衣装を二〇着つくりました。正使と従事官、私たちは上官と言っていますけど。

この後は貸衣装業でもやって、あちこちで使ってもらえるといいと思います。朝鮮通信使は川越には来ていませんが、日光に三回行っていますから、日光街道を通っているんです。だから、草加とか、越谷とか春日部とか、そういうところで、唐人揃いじゃないけれど、それこそ再現行列でもいいから使ってもらえればと思います。

私たちはもう体力的には無理ですけども、衣装を貸したり、催しを開催するノウハウじゃないですけども、そういうものはあるので、何かそんな形もちょっと考えられるのかなと思います。

（Q）私はパレードに参加している「朝鮮通信使友情ウォークの会」の者です。川越のパレードから二年遅れましたが、二年間隔でソウル－東京を歩いております。今回、去年の第八次を、コロナのために中止しまして、来年春、第九次を実施いたします。

実は小川さん、江藤とも飲み友達でございまして、私としては、ともに競い合いといいますか、お互いに切磋琢磨しながら続くイベントだというふうに思っております。

江戸時代の朝鮮通信使は一二次にわたって歩いています。二百六十数年の間に一二回やっておりますので、私どもも、二〇二九年に一応一二回を終える予定でございます。

二〇二九年までは川越も一緒にやっていただいて、これからも仲良くと期待しとったんですけど、それが今回を最後にするというので、友人に先立たれるような気持ちです。

江藤さんが「反省と限界」ということで、「パレードを実現するための地元の人材をつくり出せなかった」「支援者はたくさんいるけど、この地元で一緒にやろうというそういう仲間ができなかった」と言われました。それはひとつの組織論として、僕らもここが長く続くための要《かなめ》かなと思うんです。そういうことで感じられた、あるいはこうだったんじゃないかというような思いがありましたら、ちょっとお聞かせ願いたいと思います。

（江藤）私が思っていたのは、こうした催しを実行するにあたって必要な地元全体の協力です。商店街の商店主たちは大きな力を持ってますんでね。

そこを中心に話を持っていったときに、あの蔵造りの中心のところで活動している寿司屋さんの旦那さん、長島さんに出会いました。これまで弥左衛門役をやってくれました。もう本当に素晴らしく歴史について非常に詳しくて、何の偏見も持たずに、私が提示したら、本もどんどん読んじゃうんです。そういう人たちに出会ったことによって、どちらかというと年齢層の高い人たちとの繋がり、あるいは地元で動いている人たち、地元の町内で動いてる人たちとの繋がりは比較的できたんです。

でも祭りが継続していくためにはやっぱり若さがいるんです。例えば川越には大学がいっぱいあります。それで大学へのアプローチを何度かやったんですけど、結局大学のサークルとかに繋げることができませんでした。留学生もたくさん来ましたが、東京国際大学で名前に埼玉が無いから、川越ではほとんど遊ばない。それも面白いなあと思いましたが、そういうような若い人たちとの繋がりができなかった。

もう一つは川越って祭りだらけなんです。少し動きのある人はみんないろんな役を持っている。そのへんに理由があるかなと思っていますが、小川さんどうですか。

（小川）私たちも、自分たちで言うのはなんですけども、すごく良いイベントだなと思っているんです。地元の歴史を掘り起こして、それをまた未来に繋げていく。国際交流にもなります。それで去年でしたか、川越青年会議所に話を持っていきました。実は下関には馬関《ばかん》まつりという大きな祭りがあって通信使の再現行列やっているんです。それを取り仕切っているのは青年会議所だという話も聞いたりしていたので。

私達はある意味やりつくしたので、川越の若い人たちが朝鮮通信使は残しながら、新しい取り組みでやってもらいたいという気持ちがあったんです。また新しい川越唐人揃いができるんじゃないかと思いましたので。

それで話をしましたが、うまくいきませんでした。青年会議所のしくみって、四〇歳になったらやめちゃうんですね。そして一年ごとに新しいテーマをつくって活動していくみたいなスタイルがあるようで、何年も続けてやるというのは難しいということなんです。

あとやっぱり、これだけのものをやっていくのはそれなりに大変なことです。事務作業にしてもいろいろあります。それがやっぱり難しいという判断です。でも、私たちにはノウハウがありますから、マニュアルつくって、後方支援じゃないですけども、そういうことはできますといった話もしたんですが、いい返事はもらえなかったですね。

（Q）「唐人揃い」という名前について、「朝鮮人揃え」の方が正しいように思いますが、どういういわれで唐人になるんですか？

（江藤）川越で氷川大祭（川越祭り）が行われるときに、練り行列や山車などいろいろ出ます。その時に「唐人行列」という名前がすでにあったんです。

「唐人」というのは、単に中国人っていう意味合いではないんですね。外国人一般のことを唐人と言い、かなり古い時代からやっていました。あんまりいい言葉じゃないですが、例えば髪の毛の色が違うと、「毛唐《けとう》」と言うでしょう。中国人というより、日本列島とは違う人たちのものは全部唐人という言い方しています。

ただ、江戸時代の文書では朝鮮人という言い方もしています。例えば「朝鮮人の通信使の子」と書いてあったり、「唐人」と書いてあるのもあったりしますから、決して中国人という意味合いではなかった。歴史にのっとってやるのですから、「朝鮮人揃い」にするわけにいかないんです。

（司会）江藤さん、小川さん、ありがとうございました。

（日韓記者・市民セミナー　第三九回　二〇二二年一〇月二三日）

〔著者紹介〕

● 田　月仙（チョン・ウォルソン）

東京都生まれ。在日コリアン二世の声楽家。世界の舞台におけるオペラやコンサートで活躍。その「祈り」とも言われる独特な歌のスタイルは「魂をゆさぶる歌声」と高く評価されている。在米コリアンが作った歌曲「高麗山河わが愛」はオリジナル曲として根強い人気を誇る。

2015年、創作オペラ「ザ・ラストクイーン 朝鮮王朝最後の皇太子妃」を発表。ヒロインの生涯を演じ絶賛を博した。作家・音楽研究者として著書も多い。

● 河　正雄（ハ・ジョンウン）

1939年、現東大阪市生まれの在日二世。在日韓国・朝鮮人画家の作品を初めて韓国側に紹介し広く認識させたことで知られる。韓国と日本の美術館に数多くの作品を寄贈。光州市立美術館名誉館長。韓国・日本の文化活動や朝鮮人徴用犠牲者の慰霊などその活動は多岐にわたり、韓国宝冠文化勲章（2012年）、山梨県北杜市市民栄誉賞（2019年）など受賞も多い。

清里に移り住み、浅川伯教・巧兄弟の功績の周知と顕彰に尽力し、資料館建設と顕彰碑の建立を推し進めた。私塾・清里銀河塾塾長。

● 江藤　善章（えとう・よしあき）

1949年北九州市戸畑区生まれ。埼玉県で高校教師として社会科教育に携わった。差別撤廃に取り組む一方、生徒とともに埼玉―朝鮮の歴史を調査。そのかたわら朝鮮通信使の足跡を辿り、退職後に国立木浦大学に留学。全羅道地域を踏査研究した。著書に『こんなにも深い埼玉と韓国･朝鮮の歴史』(共著･新幹社選書)、『何があったのか？フィリピン・日本占領下』(新読書社)

川越唐人揃いパレード実行委員会代表。パンフルート奏者。

＊日韓記者・市民セミナー　ブックレット 12 ＊

日韓友好・多文化共生への手がかり
―過去に学び未来に向かう三つの形―

2023年6月10日　初版第1刷発行

著者：田月仙、河正雄、江藤善章
編集・発行人：裵哲恩（一般社団法人ＫＪプロジェクト代表）
発行所：株式会社 社会評論社
東京都文京区本郷 2-3-10
電話：03-3814-3861　Fax：03-3818-2808
http://www.shahyo.com
装丁・組版：Luna エディット .LLC
印刷・製本：株式会社 プリントパック

YouTube「KJテレビ」日韓記者・市民セミナー

動画配信　二〇二三年五月三一日現在（一部、韓国語字幕あり）
●印はブックレット収録済

●第1回　二〇一九年八月三日
関東大震災「朝鮮人虐殺否定」論反証　加藤直樹（作家）

●第2回　二〇一九年九月二五日
よく知らない韓国（人）を知ろう　権　鎔大（経営コンサルタント）

●第3回　二〇一九年一〇月一八日
特攻隊員として死んだ朝鮮人の慰霊事業　黒田福美（女優）

●第4回　二〇一九年一〇月二六日
JOCの不可解な動き　谷口源太郎（スポーツジャーナリスト）

●第5回　二〇一九年一一月二四日
北送事業60年の総括　菊池嘉晃（ジャーナリスト）

●第6回　二〇一九年一二月一二日
韓国ヘイトと対処法　香山リカ（精神科医）

●第7回　二〇一九年一二月一七日
在日二世の数奇な半生　尹　信雄（元民団倉敷支部団長）

●第8回　二〇二〇年二月一〇日
安倍政権の内政と外交　小池　晃（日本共産党書記局長）

●第9回　二〇二〇年二月二一日
南北韓と韓日関係の展望　平井久志（ジャーナリスト）

●第10回　二〇二〇年七月一日
虚構の「嫌韓」からの解放　澤田克己（毎日新聞論説委員）

●第11回　二〇二〇年七月一五日
川崎でのヘイトスピーチ攻防　石橋　学（神奈川新聞記者）

●第12回　二〇二〇年八月五日
在米コリアンと日系米人社会　金真須美（作家・大学講師）

●第13回　二〇二〇年八月二六日
多様性の中の在日コリアン　金村詩恩（作家・ブロガー）

●第14回　二〇二〇年九月二日
朝日新聞の慰安婦報道と裁判　北野隆一（朝日新聞編集委員）

●第15回　二〇二〇年九月一六日
平行線をたどる徴用工問題　殷　勇基（弁護士）

●第16回　二〇二〇年一〇月一六日
『評伝 孫基禎』の上梓とその後　寺島善一（明治大学名誉教授）

●第17回　二〇二〇年一〇月三〇日
復刻『関東大震災』の意義　高　二三（新幹社社長）

●第18回　二〇二〇年一一月一八日
キムチが食べられる老人ホーム・故郷の家　尹　基（社会福祉法人「こころの家族」理事長）

●第19回　二〇二〇年一一月三〇日
日本学術会議会員任命拒否問題の背景　纐纈　厚（明治大学特任教授）

●第20回　二〇二〇年一二月八日
差別と偏見の現場取材　安田浩一（ノンフィクションライター）

●第21回　二〇二一年四月二七日
『韓国ドラマ食堂』の話　八田靖史（コリアン・フード・コラムニスト）

●第22回　二〇二一年七月一四日
差別実態調査から見るヘイト　権　清志（朝鮮奨学会代表理事）

●第23回　二〇二一年一一月六日
映画『在日』上映と呉徳洙監督を語る　　清水千恵子（映画『在日』スタッフ）
●第24回　二〇二一年一一月一九日
記憶を拓く「信州・半島・世界」　　田中陽介（信濃毎日新聞編集局デスク）
●第25回　二〇二一年一二月一三日
外国人は「害国人」ですか—日本の「入管体制」を検証する　田中　宏（一橋大学名誉教授）
●第26回　二〇二二年一月一四日
歴史事実に介入する政府と「作る会」　　鈴木敏夫（子どもと教科書全国ネット21事務局長）
●第27回　二〇二二年三月一一日
在日オペラ歌手が願う日韓関係　　田　月仙（オペラ歌手）
●第28回　二〇二二年三月二六日
日韓関係の危機をどう乗り越えるか　日韓協約の不存在から考える　戸塚悦朗（弁護士）
●第29回　二〇二二年四月一六日
参議院選に出馬～誰もが大切にされる社会実現へ　金　泰泳（東洋大教授）
○第30回　二〇二二年五月一〇日
時務の研究者「姜徳相」関東大震災時の朝鮮人虐殺研究　山本すみ子（姜徳相聞き書き刊行委員会）
●第31回　二〇二二年六月二七日
絶望から希望を見出す　川崎桜本をめぐる　ふたつの物語　金聖雄（映画監督）
○第32回　二〇二二年七月九日
民族的連帯から見るインターナショナリズム　中野重治の朝鮮認識を手がかりに　廣瀬陽一（研究員）
○第33回　二〇二二年七月一七日
在日コリアン研究40年を振り返る　　朴　一（大阪市立大学名誉教授）
●第34回　二〇二二年八月三日
ヘイトスピーチ・ヘイトクライム根絶に向けて　　師岡康子（弁護士）

○第35回　二〇二二年八月二七日
指紋押捺拒否からヘイトスピーチ根絶へ　ピアノ&トーク　崔　善愛（ピアニスト、週刊金曜日編集委員）
●第36回　二〇二二年九月一三日
「先生不足」が生んだ学校崩壊の現実　安倍「教育再生」路線がもたらしたもの　竹村雅夫（藤沢市議会議員）
●第37回　二〇二二年九月二二日
民主主義を壊す政治と宗教の癒着　旧統一教会の問題性　有田芳生（前参議院議員）
○第38回　二〇二二年一〇月七日
総連と民団の相克七十七年　竹中明洋（フリーライター）
●第39回　二〇二二年一〇月二三日
川越唐人揃いパレードの18年間の取り組み　朝鮮通信使の精神を現代に継承　江藤善章（実行委代表）
●第40回　二〇二二年一一月四日
浅川伯教・巧兄弟への敬愛と感謝　河　正雄（私塾清里銀河塾塾長）
○第41回　二〇二二年一二月一四日
キムはなぜ裁かれたのか　BC級戦争裁判　内海愛子（同進会を応援する会代表）
○第42回　二〇二三年一月一九日
朝鮮半島取材30年、現場で見た南と北　城内康伸（東京新聞編集委員・東アジア担当）
○第43回　二〇二三年二月一〇日
障害福祉の課題　金重政玉（元内閣府障がい制度改革推進会議政策企画調査官）
○第44回　二〇二三年三月一一日
ソウルから東京を歩く「第九次朝鮮通信使の意義」　遠藤靖夫（21世紀の朝鮮通信使ウオークの会会長）
○第45回　二〇二三年四月一九日
旧世代とは一味違う在日三世の生き方　姜　龍一（作家）
○第46回　二〇二三年五月一五日
東洋医学の日韓交流─韓国伝統の「気」の体験　裵　晙映（鍼灸師）

第5号
『東京２０２０　五輪・パラリンピックの顛末』
——併録　日韓スポーツ・文化交流の意義

二〇二一年九月一〇日発行

谷口源太郎／寺島善一／澤田克己

Ａ５判　一〇四頁　本体九〇〇円＋税

コロナ感染爆発のさなかに強行された東京五輪・パラリンピック。贈賄疑惑と「アンダーコントロール」の招致活動から閉幕まで、不祥事と差別言動があらわとなった。商業主義と勝利至上主義は「オリンピックの終焉」を物語る。

第6号
『「在日」三つの体験』
——三世のエッジ、在米コリアン、稀有な個人史

二〇二一年一二月五日発行

金村詩恩／金真須美／尹信雄

Ａ５判　一〇四頁　本体九〇〇円＋税

三人の在日コリアンが実体験に基づき語るオムニバス。日本社会で在日三世が観る風景。在米コリアンと在日三世の出会い。日本人の出自でありながら「在日」として生き、民団支部の再建と地域コミュニティに力を尽くした半生を聴く。

第7号
『キムチと梅干し—日韓相互理解のための講演録』

二〇二二年三月一〇日発行

権鎔大／尹基／八田靖史

Ａ５判　一〇四頁　本体九〇〇円＋税

互いにわかっているようで、実はよくわからない——そこを知る一冊。韓国文化と生活習慣の理解が在日高齢者の介護に不可欠だという「故郷の家」。韓国ドラマの料理から文化と歴史を探る。

第8号
『歴史の証言—前に進むための記録と言葉』

二〇二二年六月二八日発行

田中陽介／高二三／金昌寛、辛仁夏、裵哲恩、清水千恵子

Ａ５判　九六頁　本体九〇〇円＋税

講演で紹介された信濃毎日新聞の特集は、誠実に歴史に向き合うことの大切さを教えてくれる。姜徳相著『関東大震災』復刻と、呉徳洙監督の映画『在日』は、前に向かって進むためのかけがえのない歴史記録。

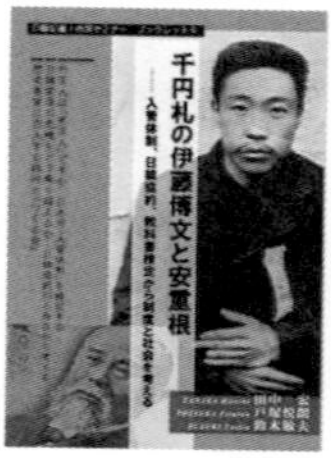

第9号
『千円札の伊藤博文と安重根』
――入管体制、日韓協約、教科書検定から制度と社会を考える

二〇二二年九月二七日発行

田中宏／戸塚悦朗／鈴木敏夫

Ａ５判　一〇四頁　本体九〇〇円＋税

外国人に対する入国管理と日本社会――、そこに現れる差別と排外主義の歴史をたどると、日本による勧告併合に行き着くという。安重根（アン・ジュングン）による伊藤博文銃撃事件と、今どのように捉えるか…。近現代の歴史を教える学校教育と教科書検定の現在を併せて検証する。

第10号
『ヘイト・差別の無い社会をめざして』
――映像、人権、奨学からの取り組み

二〇二三年一月二〇日発行

金聖雄／師岡康子／権清志

Ａ５判　一〇四頁　本体九〇〇円＋税

ヘイトスピーチは単なる暴言や憎しみの表現ではなく、本質的に差別である。社会からこれを無くすための、川崎・桜本の映画制作、法と条例の限界を超えて進もうとする法廷闘争、在日の若者たちに対する差別実態調査など三つの取り組みを紹介する。

第11号
『いま解決したい政治課題』
――政治と宗教、学校崩壊、定住外国人参政権

二〇二三年一月二〇日発行

有田芳生／竹村雅夫／金泰泳

Ａ５判　一一二頁　本体九〇〇円＋税

政治に関わる三つの講演。一つ目は政治との癒着が明るみに出た旧統一教会の実体と問題性。二つ目は全国で起きている学校崩壊の現実。三つ目は日本に帰化して参政権を取得し参院選に立候補した在日二世の生き方。

ブックレット創刊のことば

日韓関係がぎくしゃくしていると喧伝されています。連日のように韓国バッシングする夕刊紙、書店で幅を利かせる「嫌韓」本、ネットにはびこる罵詈雑言。韓流に沸いた頃には考えられなかった現象が日本で続いています。その最たるものが在日を主なターゲットにしたヘイトスピーチです。

一方の韓国。民主化と経済成長を実現する過程で、過剰に意識してきた、言わば目の上のたんこぶの日本を相対化するようになりました。若い世代にすれば、「反日」は過去の遺物だと言っても過言ではありません。支持率回復を企図して政治家が「反日」カードを切るパフォーマンスも早晩神通力を失うでしょう。

ことさらに強調されている日韓の暗の部分ですが、目を転じれば明の部分が見えてきます。両国を相互訪問する人たちは二〇一九年に一〇〇〇万人を超え、第三次韓流は日本の中高生が支えていると知りました。そこには需要と供給があり、「良いものは良い」と素直に受け入れる柔軟さが感じられます。

コリア（K）とジャパン（J）の架け橋役を自負するKJプロジェクトは、ユネスコ憲章の前文にある「相互の風習と生活を知らないことは、人類の歴史を通じて疑惑と不信をおこした共通の原因であり、あまりにもしばしば戦争となった」「戦争は人の心の中で生まれるものであるから、人の心の中に平和のとりでを築かなくてはならない」との精神に立脚し、日韓相互理解のための定期セミナーを開いています。

このブックレットは、趣旨に賛同して下さったセミナー講師の貴重な提言をまとめたものです。食わず嫌いでお互いを遠ざけてきた不毛な関係から脱し、あるがままの日本人、韓国人、在日の個性が生かされる多文化共生社会と、国同士がもめても決して揺るがない市民レベルの日韓友好関係確立を目指します。

二〇二〇年八月

一般社団法人 KJ プロジェクトは、会費によって運営されています。日韓セミナーの定期開催、内容の動画配信、ブックレット出版の費用は、これにより賄われます。首都圏以外からも講師の招請を可能にするなど、よりよい活動を多く長く進めるために、ご協力をお願いします。

会員登録のお問い合わせは、

▶ KJ プロジェクトメールアドレス cheoleunbae@gmail.com へ